中国光显示产业研究

江 洪 叶 茂 胡思思 等／著

RESEARCH ON CHINA'S OPTICAL DISPLAY INDUSTRY

科学出版社

北京

内 容 简 介

本书基于产业技术竞争力分析理论体系,以多时段和多类型数据为基础,比较分析了以电子纸显示、柔性 OLED、LD、VR、AR 为代表的光显示产业关键性技术和以裸眼 3D、Mini LED、Micro LED 显示技术为代表的光显示产业导向性技术的发展态势,客观反映了中国光显示产业的技术创新力、产业创新力和国际竞争力,刻画出了中国光显示产业现状与发展态势。

本书可供从事光显示科技创新相关活动的科技人员,以及与产业竞争力、技术竞争力、国家竞争力、产业链创新等领域相关的研究人员参考阅读,也可供从事经济、产业和科技管理等相关工作的政府管理人员、政策研究人员、企业管理人员、科技管理人员、财经工作人员和相关专业的高校师生参考阅读。

图书在版编目(CIP)数据

中国光显示产业研究 / 江洪等著. -- 北京 : 科学出版社, 2025. 1. --
ISBN 978-7-03-079057-6

Ⅰ. F426.63

中国国家版本馆 CIP 数据核字第 2024E842C7 号

责任编辑:石 卉 高雅琪 / 责任校对:张亚丹
责任印制:赵 博 / 封面设计:有道文化

科 学 出 版 社 出版
北京东黄城根北街 16 号
邮政编码:100717
http://www.sciencep.com

天津市新科印刷有限公司印刷
科学出版社发行 各地新华书店经销
*

2025 年 1 月第 一 版   开本:720×1000 1/16
2025 年 1 月第一次印刷   印张:11
字数:222 000
定价:88.00 元
(如有印装质量问题,我社负责调换)

编 委 会

组　长：江　洪

副组长：叶　茂　胡思思

成　员：（以汉语拼音为序）

曹　晨　胡思思　江　洪　刘美蓉

杨子意　叶　茂　章日辉

前　言

　　党的二十大报告指出"科技是第一生产力、人才是第一资源、创新是第一动力"。科学技术的日新月异，已渗入经济社会和生产生活的方方面面，正为营造美好生活、促进经济发展提速赋能。世界新一轮科技革命和产业变革迅猛发展，使我们既面临难得的历史机遇，又面临严峻挑战。以5G、工业互联网、物联网、云计算、车联网、大数据、AI、区块链等为代表的新一代 IT 正在加速推动经济社会各领域数字化、网络化、智能化、绿色化转型的不断深化。光显示领域作为 IT 的输出端，是攻克信息通信领域"卡脖子"技术、促进全球信息通信领域紧密联动的关键技术和产业领域之一。

　　光显示技术赋能数字经济，引领数字经济浪潮，显示屏幕成为信息交互的第一触点和重要端口。通过光显示技术这面"镜子"，人们能够真实地看到和使用各项数字技术。通过与数字技术的融合，光显示技术广泛应用于智慧文博、智慧零售、智慧出行、智慧医疗等领域。在不同的应用场景下，多种光显示技术路线"全面开花"应用到千行百业，让人们体验到光影的神奇，给数字经济和日常生活增光添彩。同时，光显示技术还能够带动上游产业链环节共同发展，带动上游材料技术提升，带动上游新产品不断涌现，光显示产业生态"枝繁叶茂"，呈现良好发展势头。由于光显示产业的重要地位，世界各主要国家在信息新技术发展计划中都十分重视光显示技术的发展，并将其列为发展计划的重要组成部分。不论是美国的《光子学计划》，还是欧盟的《欧洲光子学 2021～2027 战略发展路线图》，抑或是日本的《理工科梦想蓝图 2014》、韩国的《光融合技术综合发展计划》，都在光显示领域方面有重点的研究布局。我国的《中国光电子器件产业技术发展路线图（2018～2022 年）》也将新型显示列为整个电子信息产业的两大支柱之一，充分体现了大力发展光显示领域相关技术及产业的重要性和必要性。

本书作者团队在产业情报跟踪、产业发展研究以及战略规划方面耕耘十余年。本书全面分析各类光显示技术的特点和发展现状，厘清光显示技术创新态势与产业国际竞争力，进一步夯实我国在信息时代的终端基础，打造光显示新生态，抢占数字经济发展的制高点，为确保光显示产业自主可控、安全发展提供助力。本书研究内容主要包括：①光显示产业关键性技术探索。通过对以电子纸显示、柔性 OLED、LD、VR、AR 为代表的光显示产业关键性技术的产业链和技术链的研究，厘清目前光显示产业中的关键核心技术的创新链态势与产业国际竞争力，分析目前中国光显示关键技术和产业的国际竞争力。②光显示产业导向性技术探索。通过对以裸眼 3D、Mini LED、Micro LED 显示技术为代表的光显示产业导向性技术的创新态势分析，厘清在未来光显示产业中的导向性技术的发展方向，分析中国在未来光显示技术发展中的创新态势与国际竞争力。

"惟创新者进，惟创新者强，惟创新者胜。"[①]当前，我国经济发展已经由高速增长阶段转向高质量发展阶段，正处在转变发展方式、优化经济结构、转换增长动力的攻关期。建设现代产业体系，可以使我国经济发展加快改变高投入、低产出的粗放发展模式，优化配置各类生产要素，有力促进经济变革发展向纵深推进。光显示领域的技术产业发展上接国家发展"大战略"，下连群众生活"小美好"，通过培育光显示领域的创新能力，突破"卡脖子"技术，发展新产业，可以为培育现代化产业体系、推动产业高质量发展做出新贡献，为贯彻新发展理念、促进经济增长提供"新抓

---

① 习近平在欧美同学会成立 100 周年庆祝大会上发表讲话. https://www.gov.cn/ldhd/2013-10/21/content_2511394.htm[2024-03-01].

手"。本书对中国光显示技术创新和产业发展的全面分析以及对其国际竞争力和产业链创新的研判，对我国光显示技术创新和产业发展具有参考价值。当然由于光显示产业发展迅速，分析中国光显示产业发展的技术创新力和产业竞争力也十分复杂，本书作为一项新的研究尝试，不足和缺憾在所难免，我们也希望在今后的研究中不断完善。

江　洪

中国科学院武汉文献情报中心

2023 年 6 月 28 日于武汉小洪山

缩 略 语 表

英文缩写	英文全称	中文全称
AI	artificial intelligence	人工智能
AMOLED	active matrix organic light emitting diode	有源矩阵有机发光二极管
AR	augmented reality	增强现实
CPU	central processing unit	中央处理器
CR	cinematic reality	影像现实
CRT	cathode-ray tube	阴极射线管
DLP	digital light processing	数字光处理
DoF	degree of freedom	自由度
DSM-LCD	dynamic scattering mode liquid crystal display	动态散射型液晶显示
FPD	flat panel display	平板显示
GPS	global positioning system	全球定位系统
GPU	graphics processing unit	图形处理单元
IC	integrated circuit	集成电路
ICT	information and communication technology	信息与通信技术
IPC	international patent classification	国际专利分类
IT	information technology	信息技术
ITO	indium tin oxide	透明电极
LCD	liquid crystal display	液晶显示
LCOS	liquid crystal on silicon	硅基液晶显示器
LD	laser display	激光显示
LED	light emitting diode	发光二极管

续表

英文缩写	英文全称	中文全称
Micro LED	micro light emitting diode	微型发光二极管
Mini LED	mini light emitting diode	次毫米发光二极管
NTSC	national television system committee	由美国国家电视系统委员会制定的彩色电视广播标准,用作测试电视屏幕所能覆盖的色彩范围
OLED	organic light emitting diode	有机发光二极管
PC	personal computer	个人计算机
PCB	printed circuit board	印刷电路板
PCT	patent cooperation treaty	专利合作条约
PDP	plasma display panel	等离子体显示板
PMOLED	passive matrix organic light emitting diode	无源矩阵有机发光二极管
QLED	quantum dot light emitting diode	量子点发光二极管
REC.2020	ITU-R Recommendation BT.2020	国际电信联盟无线电通信部门颁布的面向新一代超高清视频制作与显示系统的标准
RFID	radio frequency identification	射频识别
SLAM	simultaneous localization and mapping	即时定位与地图构建
TFT	thin film transistor	薄膜晶体管
TFT-LCD	thin film transistor liquid crystal display	薄膜晶体管液晶显示
VR	virtual reality	虚拟现实
XR	extended reality	扩展现实
3D	three dimension	三维
5G	5th generation mobile communication technology	第五代移动通信技术

目　　录

第 1 章 导　　论

1.1　光显示时代

2022 年，一场科技与文化交融的冰雪盛会——北京冬奥会盛大召开。开闭幕式上，以 11 626 平方米 LED 地砖显示屏为舞台，结合裸眼 3D、动态捕捉的前沿技术，使中国传统文化在国家体育场绚丽绽放。人们惊叹于开闭幕式总导演张艺谋的艺术表现，沉醉于中华文化的隽永恢宏，同时中国光显示行业的创新能力与整体实力也让世界赞叹。

大雪花、五环、和平鸽、冰天瀑布等绚烂多彩的视觉科技给全世界的观众带来无与伦比的视听享受。LED 地砖显示屏不仅能够呈现裸眼 3D 效果，还带有动作捕捉互动系统，可以实时捕捉演员的行进轨迹，从而实现演员与 LED 地砖显示屏的互动。这场精彩纷呈的视觉盛宴背后，则是京东方、利亚德、洲明、雷曼光电等本土显示巨头的功劳。

不只是 LED 屏的主场，激光投影同样也"出彩"。北京冬奥会期间，雪如意上的一块上千平方米的雪屏幕来自合肥全色光显科技有限公司与中国科学技术大学共同研发的 10 万流明超高亮度高清激光投影机，其投射到跳台尽头的滑雪场中间雪面上，最终呈现出一片极具科技含量的光显示屏幕。闭幕式上，《折柳寄情》环节的激光光束组成的垂柳格外引人注意，那是来自中国科学院理化技术研究所的科技贡献。

通过这次盛会，人们开始意识到，传统的 LED 行业已经全面迭代升级，光显示行业进入了大众视线。寻常的 LED 显示屏和五光十色却又大同小异的照明难以再引起人们的关注；裸眼 3D、XR 虚拟技术带来的沉浸式体验成为新宠，极具艺术设计感与内容创意的 LED 应用开始获得大众青睐。在光显示技术争夺赛中，OLED、QLED、Mini LED 和 Micro LED、LD 等技术在不同应用场景下显示出各自的独特优势。更多光显示技术作为 IT 的输出端正在走出实验室，成为数字经济融合创新发展的关键核心技术，以及培育壮大新型消费市场、打造国家科技创新长板优势、推动产业提质升级的重要抓手（傅焰峰等，2018）。

1.2　光显示技术内涵

光显示技术即光信息显示技术，是把经过电子设备输出的光电信号转化为可视图像的相关技术（李文峰等，2010），与光传感、光通信、光存储以及光计算共同构成光信息产业的组成要素。

从具体技术类型来看，2012 年，科学技术部出台的《新型显示科技发展"十二五"专项规划》中提到新型显示主要包括 LCD、PDP、OLED 显示、LD、3D 显示、LED 显示等细分领域；《德国光子学研究——未来之光》（中国科学技术协会，2011）指出，2017～2021 年发展手势和眼神控制、近场显示以及 3D 显示等光显示相关技术；2018 年，工业和信息化部发布《中国新型显示产业配套保障能力白皮书（2018 年）》，指出新型显示技术主要包括 TFT-LCD、AMOLED 显示、Micro LED 显示、LD 等，其中，TFT-LCD 技术成熟度最高，AMOLED 发展迅速，是现阶段新型显示产业的主流技术（中国电子技术标准化研究院，2018）；2019 年，Photonics21 发布的《欧洲光子学 2021～2027 战略发展路线图》中与光显示领域相关的技术点主要涉及透明显示器、与新特性显示器的沉浸式互动、虚拟展示、AR 以及一致显示；LEDinside 发布的《2019 Micro LED 次世代显示关键技术报告》指出，由于 Micro LED 在高亮度、高对比度、高反应性及省电方面都优于 LCD 及 OLED，未来可应用于穿戴式的手表、手机、车用显示器、AR、VR、计算机显示器、电视及大型显示器等。

综上所述，光显示技术包含了 LCD、PDP、OLED、LD、3D 显示等众多细分技术领域，而以其为核心的光显示产业可以概括为以 TFT-LCD、AMOLED、LD、VR、AR 等关键技术为代表，以 3D 显示、Mini LED、Micro LED 等新型显示技术为趋势，布局电视和手机等传统应用领域市场，并在车载显示、可穿戴设备、智能家居等新兴应用市场中得以迅速发展的光电领域重要支柱产业之一。

1.3　光显示技术概况

1.3.1　光显示技术发展历程

光显示技术发展至今，日益呈现出技术交叉化、种类多元化、应用综合化的发展态势，具体可分为四个阶段：一是早期传统的显示技术阶段，主要以物理光学显示为主，即通过光的折射、反射和衍射等作用来显示图像；二是 CRT 显示技术阶段，以 1897 年德国物理学家布劳恩（K. F. Braun）发明的 CRT 技术为标志；三是现代 FPD 技术阶段，始于 20 世纪 70 年代初，随后形成了以 LCD 和 PDP 技术为主导的在全球迅猛发展的趋势和格局，21 世纪初，LCD 和 PDP 技术两个阵营分庭抗礼一段时间之后，LCD 以图像清晰度更高、耗电量更小、屏幕无干扰等优势受到更多厂商的青睐，进而逐步抢占 FPD 的市场；四是当代新型显示技术阶段，21 世纪以来，信息时代引发全球显示产业的巨大变革，电子纸显示、OLED、QLED、LD、3D 显示、Micro LED 显示、VR、AR 等技术百花齐放。其中，基于 LCD 的 TFT-LCD 技术日趋成熟，进一步巩固了 LCD 的市场地位。此外，AMOLED 显示技术发展迅速，成为能与 TFT-LCD 相抗衡的另一个主要的光显示市场细分领域。

如今,光显示技术成为信息交互的第一触点和重要端口。在不同的应用场景下,多种光显示技术路线广泛地应用到千行百业:柔性屏可以用于实现远程医疗传感器功能,为未来医疗领域带来更多便捷;智慧场馆新型显示平台、5G 全息互动教学、文化公园数字展示体验等产品给人们带来日常生活新体验。同时,光显示技术还能够带动偏光片、盖板玻璃、发光材料、光刻胶等上游硬件产业的提质升级,提升显示面板的适配、显示面板与终端应用的协调等上游软件产业的技术水平,从而促进显示领域新产品、新业务的不断发展。

1.3.2 光显示代表性技术的特征

基于光显示技术产业的发展历程,可将相关细分领域技术分为成熟型技术、关键性技术和导向性技术三类。其中,成熟型技术主要指技术发展成熟、相关产品市场稳健的细分技术领域,具体包括 CRT、PDP、LCD 等技术;关键性技术主要指技术发展相对成熟、相关产品市场快速发展的细分技术领域,具体包括电子纸显示、OLED、柔性 OLED、LD、VR、AR等技术;导向性技术主要指技术水平尚不成熟,相关产品市场处于萌芽期但发展前景良好的细分技术领域,具体包括 3D 显示、裸眼 3D、Mini LED、Micro LED 等技术(胡思思等,2021)。相关代表性技术概况如表 1.1 所示(张帅,2018)。

表 1.1 光显示代表性技术概况

类型	代表性技术	基本原理	优点	缺点
成熟型技术	CRT	依靠电子束激发屏幕内表面的荧光粉来显示图像,其主要由电子枪、偏转线圈、荫罩、高压石墨电极和荧光粉涂层、玻璃外壳等部分组成	寿命长、亮度高、对比度大、无视角问题、技术成熟、综合性价比高	体积大、重量重、大屏显示实现难度高、光栅失真大、亮度不均匀、存在辐射且功耗较高

续表

类型	代表性技术	基本原理	优点	缺点
成熟型技术	PDP	利用气体放电中的直接发光或由其发出的紫外光二次激发荧光粉涂层发出彩色荧光，实现黑白和彩色显示	无聚焦问题、图形失真小、全屏一致性好、亮度高、色彩还原性好、灰度丰富、对迅速变化的画面响应速度快	功耗大、成本高、存在烧屏现象
	LCD	在电场的作用下，利用液晶分子排列方向的变化，使外光源透光率改变（调制），完成电与光的变换，再利用红绿蓝三基色信号的不同激励，通过红绿蓝三基色滤光膜，完成时域和空间域的彩色重显	寿命长、光栅不受磁场影响、清晰度高、防辐射、机身薄、节省空间、功耗低、画面柔和不伤眼	惰性大、快速图像显示有拖尾、视角限制、亮度有限
关键性技术	电子纸显示	悬浮在液体中的带电纳米粒子受到电场作用而产生迁移。电子墨水涂布在一层塑料薄膜上，再贴覆上 TFT 电路，经由驱动 IC 控制，形成像素图形	易于阅读、轻薄灵活、省电节能、环保、可折叠弯曲、画面显示细腻、可视角度宽	翻页不便利、沉浸式阅读效果较差、画面转换反应时间长、屏幕易碎、格式不兼容、付费资源质量较低
	OLED	用 ITO 和金属电极分别作为器件的阳极和阴极，在一定的电压驱动下，电子和空穴分别从阴极和阳极注入电子和空穴传输层，再通过电子和空穴传输层迁移到发光层，在发光层中相遇形成激子，激发发光分子，经辐射弛豫后发出可见光	功耗低、响应速度快、视角较宽、能实现高分辨率显示、宽温度特性、能够实现软屏、成品质量较轻、抗震系数较高	使用寿命短、制作成本高、色彩纯度不够、容易烧屏、像素密度低
	柔性 OLED	以柔韧性好、具有良好透光性的材料代替普通的 OLED 玻璃衬底，其结构和发光原理与普通玻璃衬底的 OLED 器件相似	具有弯曲性和可穿戴性、高对比度和鲜艳色彩，能效优越、响应时间快，应用前景广泛	平整性较差、熔点低、寿命短、ITO 薄膜易脱落
	LD	以红绿蓝三基色为光源，将三色激光分别经过扩束、匀场、消相干后入射到对应的光阀上，经调制后由棱镜合色，再入射至投影物镜，最后经投影物镜投射至光学屏幕，实现高保真图像再现	色域范围广、寿命长、免维护、效率高、功耗低、节能环保、成像稳定、光亮度高、单荧屏无缝显示	价格高、外围强光下显示效果不及 LCD、亮度太强对人眼可能造成一定伤害
	VR	在计算机上生成的、可交互的虚拟环境设备中内置诸多传感器来充当眼睛和神经系统，以镜片、电路板、高清显示器等组成 VR 眼镜，通过软件算法采集用户眼瞳数据并进行分析，然后反馈到数据中心，让大脑产生一种真实感	沉浸感和可拓展性强、带动传感器技术的发展和应用	连接线和空间要求高、现有存储和显示影响体验、相关设备不够便捷、价格高、存在易沉迷和冲击线下实体产业等问题

续表

类型	代表性技术	基本原理	优点	缺点
关键性技术	AR	通过摄像头和传感器将真实场景进行数据采集,并传入处理器对其进行分析和重构,再通过 AR 头显或智能移动设备上的摄像头、陀螺仪、传感器等配件实时更新用户在现实环境中的空间位置变化数据,从而得出虚拟场景和真实场景的相对位置,实现坐标系的对齐并进行虚拟场景与真实场景的融合计算,最后将其合成影像呈现给用户	增强体验、易于使用、支持商业活动、良好的教育工具	价格高、隐私和安全性不足。光线投射方面一旦出现数据差会导致成像内容出现停顿或形变,影响使用者的体验效果
导向性技术	3D 显示	利用人左右眼分别接收不同画面,通过大脑对图像信息进行叠加重生,构成一个具有前后、上下、左右、远近等立体方向效果的影像	成像不再局限于平面,画面大小不受屏幕大小的约束	技术尚不成熟、产品使用体验较差
	裸眼 3D	利用人两眼具有视差的特性,在不需要任何辅助设备(如 3D 眼镜、头盔等)的情况下,即可实现具有空间、深度的逼真立体形象的显示	3D 立体效果、科技感十足、高流量、高曝光、观看体验极佳	容易产生视觉疲劳甚至不适,价格较贵,可视角度小,多人观看效果较差
	Mini LED	可以红绿蓝三基色 LED 灯珠直接作为显示像素点实现图像显示;也可采用直下式背光方式,将传统 LED 背光灯珠缩小,从而实现更为精细、密集的背光分区	动态范围和对比度更高、散热均匀、整机可实现超薄化、寿命长	技术尚不成熟、制造成本高、生产良率低
	Micro LED	将 LED 结构设计进行薄膜化、微小化、阵列化,其尺寸仅在 1~10 微米等级,然后再将 Micro LED 芯片批量式转移至电路基板上,并利用物理沉积制程完成保护层与上电极,最后进行上基板的封装	高亮度、低功耗、超高分辨率与色彩饱和度、能够适应各种尺寸	技术尚不成熟、制造成本高、色彩表现较弱

本书将重点进行以电子纸显示、柔性 OLED、LD、VR、AR 为代表的光显示产业关键性技术和以裸眼 3D、Mini LED、Micro LED 显示技术为代表的光显示产业导向性技术的创新态势分析。

1.3.3 世界主要国家的竞争态势

由于光显示产业的重要地位,世界各主要国家在信息新技术发展计划中都十分重视光显示技术的发展。

美国于 2013 年发布《光子学计划》，2014～2016 年又创建了光子系统制造联盟，并为罗切斯特地区的光子学行业制定技术路线图，在光显示领域方面重点布局了复杂介质成像的相关研究。

欧盟在 2005 年成立了欧洲光子学平台 Photonics21，并于 2019 年发布了《欧洲光子学 2021～2027 战略发展路线图》，覆盖了包括照明、电子和显示在内的 9 个领域。其中，在光显示领域需要攻克的技术挑战主要包括透明显示器、与新特性显示器的沉浸式互动、虚拟展示、AR、一致显示。

德国于 2012 年启动了 10 年光子学研究资助计划《德国光子学研究——未来之光》（中国科学技术协会，2011），该计划将 2017～2021 年的发展内容确定为 6 个在技术和市场方面具有高活力的专题及 4 个涵盖了几乎光子学所有应用领域的交叉课题。在 4 个交叉课题中，第 3 个课题与光显示领域密切相关，涉及新型光子人机交互技术、集成系统与标准，具体包括手势和眼神控制、近场显示、3D 显示。

日本于 2014 年发布《理工科梦想蓝图 2014》，描绘了 2020～2050 年要实现的 9 个理工科梦想蓝图。其中，与光显示领域相关的内容包括 2020～2030 年要大力发展的实时全景图传输、光学相干成像技术，以及 2030～2040 年要重点发展的全息电视。

韩国于 2019 年发布了《光融合技术综合发展计划》，在国家层面制定了面向广泛应用场景的综合发展计划。其中，在光显示领域方面重点进行了用于癌症治疗的体内植入型 Micro LED 以及全息图显示器的研究布局。

中国于 2017 年发布的《中国光电子器件产业技术发展路线图（2018～2022 年）》中指出，全球光电显示器件的产业链规模已经超过 2000 亿美元，在整个电子信息产业中仅次于 IC，"一芯一屏"（"一芯"是指 IC，"一屏"是指新型显示）成为整个电子信息产业的两大支柱，充分体现了大力发展光显示领域相关技术及产业的重要性和必要性。

1.4　研究数据来源

本书所涉及的数据主要包含产业、技术与政策三种类型。

（1）产业类数据包括产业发展历程、产业市场规模、产业经营情况等。其中：①产业发展历程相关数据主要分布于第 3 章的"3.3　关键性技术的产业发展研究"，主要基于中国知网、万方数据知识服务平台、维普网等数据库进行文献调研，并结合公开的技术资料，通过系统地分析和总结得出；②产业市场规模相关数据主要分布于第 3 章的"3.4　关键性技术的产业市场规模"和第 7 章的"7.3　光显示技术国内外市场竞争力比较分析"，主要来源于中国海关进出口数据库、中国光学光电子行业协会等权威机构公开的数据信息，以及显示器供应链顾问公司（Display Supply Chain Consultants，DSCC）等国内外知名的市场研究机构发布的资讯与报告，并结合研究团队市场调研结果综合分析得出；③企业经营情况相关数据主要分布于第 4 章的"4.1　关键性技术的产业竞争格局"、"4.2　代表性竞争企业"和第 7 章的"7.2　光显示技术国内外生产竞争力比较分析"，主要通过对相关公司财报、公司官网、公开的企业资料以及 DSCC 等市场研究机构发布的行业研究报告进行综合分析和整理得到。

（2）技术类数据包括技术演化历程、技术前沿与热点、技术专利分布、主要技术创新主体与合作网络、技术演化规律与趋势、国际竞争力比较分析等，相关数据分布于第 5 章、第 6 章和第 7 章的"7.4　光显示技术国内外创新竞争力比较分析"，主要来源于 IncoPat 科技创新情报平台专利数据库。

（3）政策类数据包括各类规划、指南、规定、规范、计划、实施意见、实施方案和标准，相关数据分布于第 1 章的"1.3　光显示技术概况"，第 7 章的"7.1　中国光显示技术总体发展环境"，来源于国务院、国家发展和改革委员会、工业和信息化部、科学技术部、财政部、海关总署、国家税务总局等政府部门发布的规划、计划、实施意见、实施方案等相关政策文件；国际电工委员会电子显示器件技术委员会发布的相关标准；美国国会、欧洲联盟委员会、日本学术会议、韩国产业通商资源部等各国政府部门、学术机构发布的相关政策文件。

第2章 技术创新与产业竞争力基础理论

2.1 基于产业链的技术创新分析

2.1.1 概念与内涵

习近平总书记在中国科学院第二十次院士大会、中国工程院第十五次院士大会、中国科协第十次全国代表大会上的重要讲话中指出，"当今世界百年未有之大变局加速演进，国际环境错综复杂，世界经济陷入低迷期，全球产业链供应链面临重塑，不稳定性不确定性明显增加"，要"充分发挥科技创新的引领带动作用，努力在原始创新上取得新突破，在重要科技领域实现跨越发展，推动关键核心技术自主可控，加强创新链产业链融合"，而"创新链产业链融合，关键是要确立企业创新主体地位。要增强企业创新动力，正向激励企业创新，反向倒逼企业创新⋯⋯要以企业牵头，整合集聚创新资源，形成跨领域、大协作、高强度的创新基地，开展产业共性关键技术研发、科技成果转化及产业化、科技资源共享服务，推动重点领域项目、基地、人才、资金一体化配置，提升我国产业基础能力和产业链现代化水平"。

由此可见，基于产业链进行技术创新的实质就是促进产业链和创新链深度融合，通过围绕产业链部署创新链、围绕创新链布局产业链的方式，促进产业链和创新链的精准对接，提高产业链和创新链的协同水平，以达到基于产业链进行技术创新的目标（孙世芳，2022）。

围绕产业链开展技术创新有两个方向：一是依托以我国高端技术为主导的全球产业链部署创新链。基于我国自主设计和研发、自身系统集成能力建立达到世界先进水平的产业链，围绕产业链持续加大技术研发力度，保持技术领先地位。二是在我国产业从全球产业链、价值链中低端向中高端攀升的过程中布局创新链。发挥社会主义市场经济条件下的新型举国体制优势，集中力量，协同攻关，持久发力，久久为功，加快突破重大核心技术，开发重大战略性产品，在国家战略优先领域率先实现跨越，促进我国产业迈向全球产业链、价值链中高端（洪银兴，2020）。

2.1.2 研究进展

目前关于产业链技术创新的学术研究主要集中在两个层面。一是以产业链和创新链深度融合的重要性和必要性为主，探索产业链和创新链协同发展的关键要素。例如，张辽和何飞瑶（2023）指出我国在高端制造领域发展滞缓，处于产业链低端，相关产业体系尚不完善，主要原因之一便是该领域的关键技术装备不足、软件创新能力较弱、核心技术大多依赖于国外，因此，增强高技术产业链自主可控能力的途径之一就是聚焦关键领域落后技术的研发攻关。张晓兰和黄伟熔（2023）认为产业链和创新链融合发展水平已成为衡量国家经济实力和现代化水平的重要标志，要围绕产业链部署创新链，攻关解决产业关键核心技术，实现技术自主可控；围绕创新链布局产业链，确立企业创新主体地位，将科技成果转化为经济社会发展的现实动力。

二是以专利分析方法为主，通过对特定领域的技术创新态势进行解读，并结合领域产业链的发展情况，综合研判助推该领域产业链与创新链融合发展的路径。例如，许学国等（2023）以长三角城市群 IC 产业链合作专利数据为基础，从网络内生结构、节点属性及网络关系三个方面探究网络联结关系形成的驱动作用,进而提出长三角地区 IC 产业链协同创新网络的优化策略,以提高产业链关键核心技术的原始创新能力,促进长三角地区 IC 产业链协同创新发展。董文波(2023)从智能网联汽车专利的申请趋势、技术领域、主要专利权人/专利申请人、技术竞争状况、专利价值等视角,聚焦主要国家智能网联汽车技术的发展趋势和竞争态势,探索智能网联汽车技术创新突破和专利布局策略,为提升我国智能网联汽车产业技术能力和产业链水平提供参考。

2.2　基于专利的技术演化趋势分析

2.2.1　概念与内涵

技术创新是一个连续且动态变化的过程,涵盖了从科学研究到产品市场的各个环节。技术发展的过程虽然复杂多变,但通常会遵循一定的发展轨迹,并且这些发展轨迹大多是可以被认识和追踪的。技术创新过程就是在一定的范式规定下,沿着一定轨迹发展的一系列具有强选择性的进化活动,而技术演化趋势分析就是用于定量和定性描绘技术创新已有过程及未来趋势的重要途径。

技术演化趋势分析主要是通过描述技术从产生、发展、成熟到消亡的发展脉络,从发展变化的动态角度来掌握技术进步规律和技术演变模式。早期技术演化路径的识别主要依赖于专家的经验与见解,如今技术发展已成为不断演化的技术生态系统,其中知识的交叉融合、领域边界的拓宽、技术创新形式的多样化以及技术创新速度的不断加快等,使得当前有效识别技术演化路径更多依赖于从海量的科技成果中挖掘相关技术信息,并结合科学有效的识别方法展开(黄颖等,2022)。

在技术飞速发展的今天,基于专利的角度来阐述特定技术的发展态势,已经逐渐成为科技界和产业界一套成熟的技术演化和趋势分析体系。

一方面，专利分类号可以反映专利相关的技术内容，对各个专利分类号涵盖的专利进行数量统计、频次排序和共现分析，有助于分析专利技术的布局、发展趋势以及技术间关系的变化情况；另一方面，专利特征与创新活动特征具有很高的匹配度，行业的专利类型分布能直观地反映该行业技术创新活动的相关特征，专利权人/专利申请人、发明人、专利技术布局等信息能反映技术创新的特点，专利信息的时间标签能映射技术创新活动的发展态势（李勇敢和李耀峰，2021）。因此，采用专利分析方法可以厘清国内外相关技术的研究热点、地域分布、创新主体、合作网络等情况，有效地揭示全球科技创新前沿和领域创新态势（池慧和杜建，2016），全面地展现特定技术的总体演化趋势，并在一定程度上反映出一国在特定产业的创新竞争力。

2.2.2 研究进展

目前基于专利的技术演化趋势分析研究主要集中在三个方向。

（1）基于技术图谱反映的热点与前沿进行技术演化与趋势分析。例如，朱焱等（2021）利用专利计量法、社会网络分析法，对全球 AI 领域知识图谱技术相关专利数据进行分析，从发展概况、专利价值、专利地图、技术热点、技术演化等方面揭示全球竞争态势。王晨曦（2021）提出专利技术主题未来演化趋势分析模型，结合产品专利技术主题演化分析方法绘制了产品技术主题演化图谱，用于分析专利技术主题的演化趋势。

（2）基于专利技术 IPC 号的关联分析进行技术演化趋势的解读。例如，王小蕊（2023）指出专利技术 IPC 号代表专利的主要技术特征，研究其构成和关联能够揭示行业科技的技术构成与技术关联，并通过关联技术分析方法，对我国文物科技核心技术进行了识别及演化分析。赵靓等（2023）基于德温特专利数据库采集军事智能技术相关专利数据，利用 IPC 号在专利中的共现关系逐年构建共现网络，采用社区发现方法划分共现网络的社区结构，提出社区综合相似度计算方法计算社区相似度，形成各个技术子领域演化路径，分析军事智能技术的整体演化趋势和演化关系。

（3）基于以关键词为核心的专利主题模型来描绘相关技术的整体演化路径，并进行技术发展趋势预测。例如，陈荣等（2020）从专业术语、高频词、词共现 3 个维度分析得到术语集，通过领域技术主题筛选与处理、领域新技术主题清洗、领域技术主题时序演化趋势 3 个步骤，预测了挥发性有机物的新技术和技术发展态势。储节旺等（2023）利用专利分析方法与主题模型绘制颠覆性技术整体演化路径，分析了量子 IT 发展的整体态势，并利用后离散方法对领域的前沿技术热点进行了梳理。

2.3　基于企业的产业竞争格局分析

2.3.1　概念与内涵

基于企业的产业竞争格局是指产业中各个企业之间的竞争关系，以及它们的地位、角色和互动方式的总体呈现。产业内各个企业之间的竞争关系会随着时间、市场、技术等因素的变化而不断调整和演变，从而形成不同的产业竞争格局。通过对企业所处产业的竞争环境和竞争对手进行深入剖析，对产业内部各个因素进行分析，可以探寻产业发展的规律和趋势，为企业和政府决策提供依据和方向。

产业的竞争格局是由多种因素综合作用形成的，这些因素包括市场需求和竞争对手的数量、市场份额和规模、技术水平和创新能力、政策环境和法律法规等。在一个产业竞争格局中，每个企业都会有自己的定位和角色，有些企业处于领先地位，有些则是跟随者或者挑战者。不同企业之间的关系也是多种多样的，如合作、竞争、并购、收购等。基于企业的产业竞争格局不仅影响着各个企业的发展，也影响着整个产业的发展方向和趋势。对于企业来说，了解产业竞争格局的变化趋势，能够更准确地预测市场变化和行业趋势，从而制定出更加有针对性和前瞻性的战略规划，提高企业在市场上的竞争力。同时，对于整个产业来说，理解产业竞争格局的演变规律和趋势，能够引导各个企业朝着更为协调和合理的方向发展，促进整个产业的稳定和可持续发展。基于企业的产业竞争格局分析内涵如下。

（1）产业竞争环境分析：对产业内外部的宏观经济、政策、法律等因素进行分析，研究这些因素对企业的影响，找出机遇和挑战。

（2）竞争对手分析：对产业内各竞争对手的规模、竞争策略、产品特点等进行深入研究，分析其优劣势及趋势，为企业决策提供参考。

（3）产业发展趋势分析：通过对产业的历史、现状和未来发展趋势进行分析，找出产业发展的规律和趋势，为企业把握发展机遇提供支撑。

（4）企业自身分析：对企业自身的资源、能力、优势和劣势进行深入分析，找出企业在产业竞争中的定位并制订发展策略。

2.3.2 研究进展

基于企业的产业竞争格局分析是产业竞争研究的一个重要方向。目前，该领域的研究主要集中在三个层面。

（1）围绕数字化转型对产业竞争格局的影响进行探索。近年来，越来越多的研究者开始探讨数字化转型对产业竞争格局的影响。段非平（2023）提出必须促进数字经济和实体经济深度融合，打造具有国际竞争力的数字产业集群。近几年，中国通过对传统产业进行全方位、全角度、全链条的优化升级，不断为产业发展注入新动能，促使传统产业驶上了数字化转型的快车道。数字化技术可以帮助企业改善供应链管理、提高生产效率、优化客户体验等，从而在竞争中获得优势。

（2）围绕生态系统内企业之间的竞争和协作关系进行研究。近年来，生态系统竞争已经成为一个新的研究领域。研究者们开始探索生态系统内企业之间的竞争和协作关系，并关注这些关系如何影响生态系统的竞争格局。生态系统竞争可以激发企业创新和合作，从而在市场中获得更大的优势。张晶等（2023）通过对366家新创企业的中高层管理者进行问卷调查，通过探索创新生态系统模式对新创企业创新绩效的影响，揭示了资源阈值与新创企业创新之间的联系。研究结果表明，新创企业嵌入基于平台的创新生态系统和基于产品的创新生态系统对其创新绩效具有正向影响，且规模不同的新创企业选择不同的创新生态系统模式会对其创新绩效产生差异化影响。

（3）围绕可持续发展对竞争格局的影响进行分析。越来越多的企业开始将可持续性纳入其战略规划中。可持续发展将会对产业竞争格局产生深远的影响，如推动新技术的研发和应用、提高产品质量和品牌形象、提高企业的社会形象等。董志（2022）基于718家制造业企业的调查数据，通过实证分析对双向开放式创新、智力资本组态效应与企业可持续竞争优势三者关联进行探究。研究表明，双向开放式创新能显著提升企业可持续竞争优势，且两者协同效应越好对可持续竞争优势的提升作用就越好，智力资本组态效应与企业可持续竞争优势显著正相关。

2.4　基于生产-市场-创新的国际竞争力分析

2.4.1　概念与内涵

国际竞争力可以分为狭义的国际竞争力和广义的国际竞争力。狭义的国际竞争力包括商品竞争力和企业竞争力两大要素。其中，商品竞争力是一种现实能力，指商品符合市场要求的程度，这种要求具体体现在消费者对商品各种竞争力要素的考虑和要求上，可以通过市场占有率等指标表示；企业竞争力是一种潜在能力，指在竞争性市场条件下，企业通过培育自身资源和能力，获取外部可寻资源，并加以综合利用，在为顾客创造价值的基础上，实现自身价值的综合性能力，可以采用财务指标近似表示，属于国际竞争力的核心层次。广义的国际竞争力指的是整体行业竞争力，不仅包括了商品竞争力、企业竞争力，还包含了行业管理、协调、引导等能力要素，又可称为产业的综合竞争能力。

关于产业国际竞争力的定义，现有研究主要集中于四个角度：一是从生产率角度出发，认为国际竞争力是由一国特定产业通过在国际市场上销售其产品所反映出来的生产率来体现的；二是从利润角度来看，认为一国或一公司在世界市场上均衡地生产出比其竞争对手更多财富的能力可以用于衡量其产业国际竞争力；三是从有效供给能力角度进行测度，认为产业国际竞争力是在自由良好的市场条件下，能够在国际市场上提供好的产品、好的服务同时又能提高本国人民生活水平的能力；四是综合观点，认为产业竞争力是指属于不同国家的同类产业之间效率、生产能力和创新能力的比较，以及在国际自由贸易条件下各国同类产业最终在产品市场上的竞争能力。

综上所述，产业国际竞争力主要可以分为生产竞争力、市场竞争力和创新竞争力。其中，生产竞争力表示产业将资源转化为产品的效率和能力，可由产业规模、产能占比等指标直观反映；市场竞争力表示产业将资源转化为产品后创造盈利、产生价值的能力，可由龙头企业出货量、销售额、利润率等指标进行分析；创新竞争力表示产业将产生的价值再投入到创新研发，以升级现有技术、产出更好产品，从而创造更高价值的能力，可由产业关键技术领域的专利申请、创新主体、技术布局、合作情况等指标进行测度。

2.4.2 研究进展

目前基于生产、市场、创新等要素进行产业国际竞争力分析的研究主要集中在三个方向。

（1）围绕区域产业市场发展情况进行宏观层面的国际竞争力研究，剖析特定区域产业市场和经济发展的现存问题，促进区域构建具有国际竞争力的现代化产业体系。例如，李青和马晶（2023）拓展了大国竞争背景下现代化产业体系国际竞争力的内涵，从"安全稳定-体系完整-开放协同-引领控制-市场占有"五个维度识别出具有国际竞争力的现代化产业体系新特征，为粤港澳大湾区构建具有国际竞争力的现代化产业体系提供了实践路径。姚战琪和熊琪颜（2023）将国际竞争力分解为产业竞争力、基础设施竞争力、人口结构及素质、政府作用、科技竞争力、国际化程度、金融竞争力、环境竞争力和国民生活竞争力几个层面，探索了数字经济对提升我国区域经济国际竞争力的总体作用、异质性影响和间接机制。

（2）围绕特定产业进行中观层面的国际竞争力分析，通过构建对应的评价体系来研判该产业的竞争力情况，为特定产业的提质升级提供决策参考。例如，张远为和林江鹏（2022）将制造业竞争力分解为规模实力、经济效率、市场竞争力3个二级指标，制造业总产值、资产总额、从业人员数占就业总人数比重、企业平均规模、区位熵、总资产贡献率、全员劳动生产率、成本费用利润率、市场占有率9个三级指标，利用10个省份制造业的相关数据，运用主成分分析法对湖北省制造业全行业及8个主要分行业的竞争力进行了评价。张艺严和李中源（2021）采用全球价值链相关方法，从纵向维度上沿产业链分解具体产品在全球生产链上不同经济体和不同行业产生的增加值，分析了中国以及"一带一路"区域出版业的国际竞争力水平。

（3）以企业为主体进行微观层面的国际竞争力分析，揭示企业提升自主创新能力、加强成本控制能力、提高资源配置能力和市场需求满足能力，进而提升自身国际竞争力水平的发展路径。例如，钟湘玥（2022）将企业国际竞争力分解为数字经济发展水平、企业年龄、资本密集度、政府补助、税收负担、融资约束等指标，研究了在"双循环"发展格局下，本土企业从技术、产品、服务、管理等层面不断提升国际竞争力的必要性和迫切性。秦翡和曲林迟（2021）从资源基础理论视角，将港口企业的资源分为企业资产与企业能力两大类，其中，企业资产包括有形资产、无形资产，企业能力包括物流能力、创新能力，并形成了港口企业竞争力链式模型，为我国港口企业国际竞争力的提升提供了政策借鉴。

2.5 基于技术创新与国际竞争力的综合性分析

从技术创新的测度领域来看，现有研究多从科学研究和技术研发两个角度着手。科学论文产出是评价科研主体创新能力和质量的重要体现（Guan and Liu，2014）；一个国家的专利活动又很大程度上反映了其技术创新能力（Blackman，2000），因而用论文数据和专利数据对某一技术领域进行创新测度和识别，可准确反映出这一领域的创新综合实力。例如，李志春和李海超（2019）从创新广度、深度、生命周期等多维角度，分析了高技术产业的创新动态演化；李金刚和李迎成（2022）从专利与行业参照关系的视角为测度制造业的技术创新能力提供了新思路；毛荐其等（2022）采取专利计量学、社会网络分析方法，基于全球专利产出情况来测度芯片领域的技术创新动态。

从国际竞争力的测度领域来看，现有研究主要围绕区域经济和特定产业两种对象来开展国际竞争力的研究。例如，世界经济论坛发布的《全球竞争力报告》和瑞士洛桑国际管理发展学院发布的《世界竞争力年鉴》（钱景怡和余正，2020）所构建的国际竞争力评价指标体系角度全面、指标可量化，其分析对象为国家及地区的综合竞争力；钱景怡和余正（2020）认为产品进出口、国际市场占有率、人力资源、资金资源等指标均对生物制药产业国际竞争力有一定影响力；华欣等（2021）运用云模型和熵权法，以人力资源、创新能力、产业结构、政府职能等为要素探究新经济发展形势下我国高技术产业国际竞争力脆弱性成因。

本书的研究团队（中国科学院武汉文献情报中心的产业情报研究团队）多年来一直围绕技术创新和产业竞争力开展研究，对本书提出的4种类型的技术创新与产业竞争力基础理论进行实际应用，形成了不同类型的基础数据积累和研究方法运用经验，并形成了系列的研究成果。本书的研究团队自建了"中国产业智库大数据平台"和光电科技情报网，为本书编写提供了数据基础。

在本书研究团队已完成的《中国激光产业国际竞争力与产业链创新》一书中，江洪等（2022）提出了产业国际竞争力与产业链创新能力评价指标体系，并以激光产业为分析对象实现了两套评价指标体系的实际应用。本书的研究团队成员还发表了一系列论文，分别应用基于产业链的技术创新分析方法、基于专利的技术演化趋势分析方法、基于企业的产业竞争格局分析模式以及基于生产-市场-创新要素的国际竞争力分析方法开展了技术创新和产业竞争力研究。例如，曹晨等（2023）从创新资源投入、创新成果产出、产业关联及结构、科技转化能力、创新环境支撑 5 个维度，筛选并构建了包含 34 个末端指标的评价体系，运用层次分析-熵权法模型，以中国激光产业为例进行实证分析，对华东、华南、华北、华中、西南、西北、东北七大地区的激光产业链创新能力进行评价。胡思思等（2021）围绕政策、技术、市场及专家观点 4 个维度，构建了"3+X"产业成熟度评价体系，并以 LCD、OLED、LD 等 9 个新型显示产业为例进行了实证分析，揭示了 LCD、OLED、LD 等新型显示产业发展的成熟度情况。刘美蓉等（2022）研究了项目投资财务建模和可行性分析；章日辉等（2021）从产业竞争力的角度分析比较了中国和欧美激光加工企业与市场的发展情况；曹晨等利用专利分析研究了激光焊接技术的发展趋势（曹晨等，2021）、全球光纤激光器产业技术的发展趋势（曹晨等，2020）、激光表面处理及再制造技术的发展趋势（曹晨，2020）、纳米光电产业技术的发展趋势（曹晨等，2013）等。本书的研究团队成员还研究了先进半导体（江洪和王予典，2021）、先进复合材料（江洪和彭导琦，2022）、全球微生态药物（高倩等，2020）、全球单克隆抗体药物研究（高倩等，2019）、国外 OLED 显示材料（江洪和王春晓，2019a）、5G 通信新材料（刘义鹤和江洪，2019）、人工晶体材料（江洪和王春晓，2019b）等领域的技术发展情况。本书将以上的系列研究成果作为研究基础，并以技术创新竞争力为核心，以产业维度的产业链概况、产业发展环境、生产竞争力和市场竞争力等要素为补充，全面地分析中国光显示领域的技术创新态势与国际竞争力，为进一步提高光显示领域的技术创新能力及产业发展水平提供决策参考。

第3章　光显示关键性技术产业链与产业发展研究

3.1　光显示产业的整体产业链

数字经济时代，在智能手机、笔记本电脑、彩色电视机、VR 头盔、各类游戏终端以及公交地铁各类终端上，显示无处不在，高度融入了人们的日常生活。我国光显示产业快速崛起，多种显示技术竞相发展，已成为全球光显示产业创新高地，并显现出强劲的发展动力，助推产业规模不断扩大，产业生态不断完善，产业链及供应链韧性持续增强。

光显示产业链上游主要包括材料和元器件；中游主要包括面板制造、模组组装和设备制造等；下游则包括应用领域的显示设备和终端产品（图 3.1）。

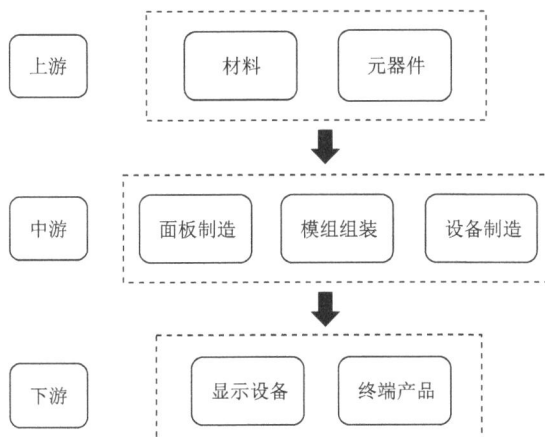

图 3.1　光显示产业链

3.2 关键性技术的产业链研究

3.2.1 FPD 技术产业链

FPD 技术产业链上游为材料和元器件，主要包括液晶材料、玻璃基板、彩色滤光片、偏光片、有机发光材料等；中游则是以面板制造、模组组装为主，主要制程包括清洗、涂布、曝光、蚀刻、电镀等，后续制程包括检查、切割、贴片、组装、成盒等，最终形成整块 FPD 面板模组；下游则是以各种领域、各类应用终端为主的品牌商、组装厂商等（图 3.2）。

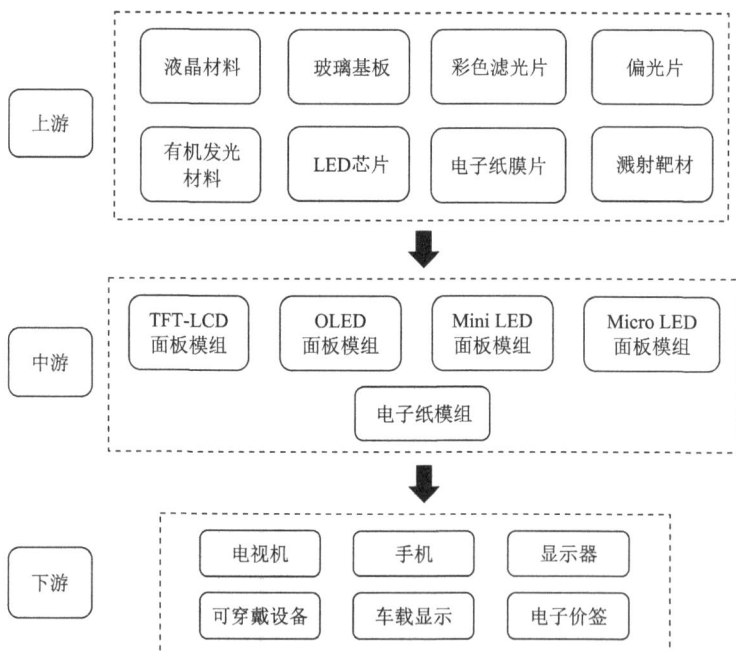

图 3.2 FPD 技术产业链

FPD 技术产业链上游领域的技术壁垒和行业集中度较高，材料、元器件生产仍然由部分国外厂商主导，目前国内对外依存度较高。我国 FPD 器件上游材料本地化配套率为 55% 左右，上游装备本地化配套率保持在 15% 左右，国产替代仍需努力。目前我国面板厂商在上游的液晶、偏光片等关键性的生产线上都在积极努力实现国产化，旨在降低物料成本，获取更多利润。

产业链中游为面板和模组，成本主要由原材料成本、折旧费用、人工成本等组成，而其中占比最多的两部分是原材料成本和折旧费用。中游资本投入大、周期性强，盈利取决于面板价格和成本控制。

产业链下游主要为终端产品，更新速度快，产品竞争激烈。其中，大尺寸终端包括电视机、笔记本、台式 PC 显示器等；小尺寸终端有手机、平板电脑、车载系统显示器、仪器仪表等。在众多终端产品中，电视面板占比需求最大，占面板需求的 67% 左右。

3.2.2　LD 技术产业链

LD 技术产业链上游包括半导体外延片、泵浦源和激光晶体等；中游包括半导体激光器、全固态激光器、光学成像器件等；下游为终端显示设备，如激光电视、激光投影仪等（图 3.3）。

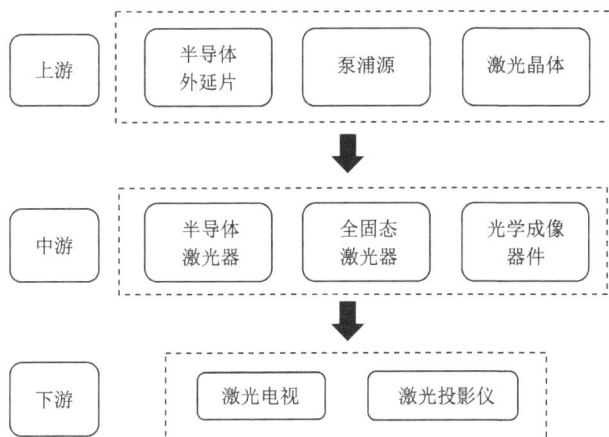

图 3.3　LD 技术产业链

2021年，科学技术部发布《国家重点研发计划"新型显示与战略性电子材料"等"十四五"重点专项2021年度项目申报指南》，拟围绕新型显示材料与器件、第三代半导体及前沿电子材料与器件、大功率激光材料与器件3个技术方向，启动30个指南任务，进一步推动国内LD产业发展。在国家政策支持以及行业企业的不断努力下，我国已初步形成以半导体激光器芯片、全固态激光器为主的产业技术链，目前在LD技术方面与国际同步，并且拥有自主知识产权，行业相关专利申请量已位居全球第一，核心器件的国产化进程加速，国产化率有望突破80%。

3.2.3 3D显示技术产业链

3D显示技术产业链上游为制造VR/AR眼镜、头盔、一体机等必需的硬件材料和软件，主要包括光学元件（红外激光二极管、互补金属氧化物半导体图像传感器）、图像处理芯片、传感器等，软件部分包括数据采集（环境渲染、视频捕获、SLAM）、数据处理（3D渲染、渲染引擎等）和系统平台（操作系统、软件开发工具包）。3D显示设备中屏幕和光学的成本占比50%，芯片传感器成本占比25%～30%。目前3D显示技术的痛点都在上游零部件领域，比如屏幕分辨率低、头盔体积大以及芯片和软件的国产化替代等。但痛点也是未来的增长点和突破口，虽然上游零部件企业目前来自3D显示技术的业绩贡献还很小，但未来空间却很大。

3D显示技术产业链中游为模组、组装厂商，具体包括镜头模组、成像模组、图像处理模组、传感器模组等。

3D显示技术产业链下游应用主要指AR/VR眼镜、可穿戴设备等。未来3D显示技术普及之后，上中游环节增速见顶，下游仍将延续高速增长，所以下游发力最晚，却后劲最足。后续在电商、社交等领域，随着应用场景的增加，下游空间有望进一步扩大。

3D显示技术产业链如图3.4所示。

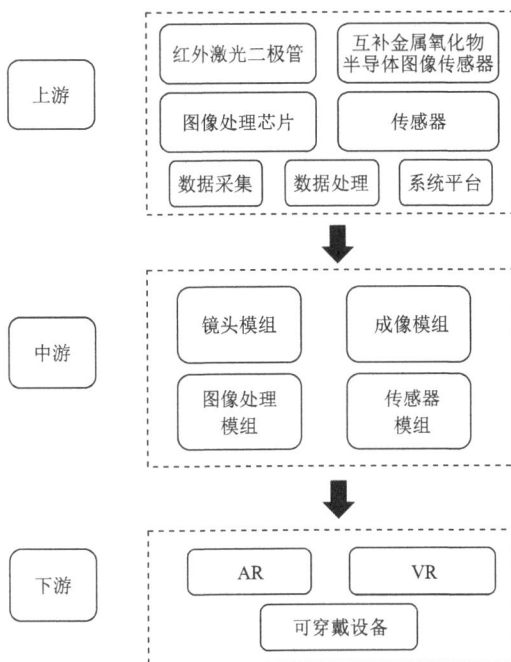

图 3.4　3D 显示技术产业链

3.3　关键性技术的产业发展研究

3.3.1　FPD 技术产业发展历程

随着 CRT 技术难以满足使用需求，FPD 技术于 20 世纪 70 年代开始逐渐得到重视，发展到 2010 年左右，TFT-LCD 成为绝对主流。FPD 技术产业发展历程如图 3.5 所示。

1. 1960～1970 年 RCA 公司提出 TFT-LCD 技术

1962 年，美国无线电（Radio Corporation of America，RCA）公司发明了 TFT。1964 年，RCA 公司发现了液晶的动态散射现象，并基于该电光效应制成了第一块 DSM-LCD 器件。1968 年，RCA 公司提出了 TFT-LCD

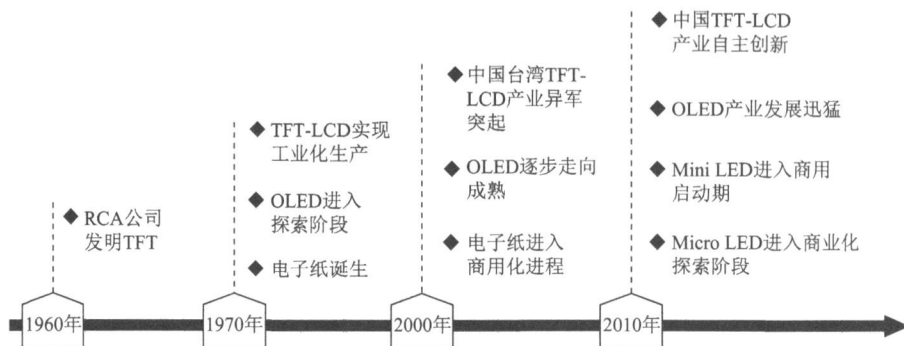

图 3.5　FPD 技术产业发展历程

器件的设想。由于 RCA 公司管理层对 LCD 在消费领域的潜力缺乏远见，并将主要精力放在计算机领域同国际商业机器（International Business Machines，IBM）公司展开竞争，从而放弃了对 LCD 的进一步发展和应用。1971 年，RCA 公司开展了计算机业务，并全面终止了 LCD 的研发。

2. 1970～2000 年 TFT-LCD 实现工业化生产，OLED 进入探索阶段，电子纸诞生

1968 年，在 RCA 公司的 LCD 项目成果展上，日本工业界对 LCD 技术产生了浓厚的兴趣，逐步开启了 TFT-LCD 技术的产业化之路，并以市场需求为导向不断丰富 FPD 的应用领域。日本企业首先将 LCD 技术应用到小型电子产品上，如 1973 年 10 月，须羽精工推出首款 LCD 数字手表；1988 年，夏普推出 14 英寸①LCD 显示屏，轰动一时。1993 年 10 月，美国应用材料公司宣布化学气相沉积技术商业化，使面板生产线的产出良率从 10%上升到 90%，LCD 面板生产进入高良率时代。1995 年，韩国 LCD 面板制造厂商以超低价格进军国际市场，当年 10.4 英寸 LCD 面板的价格顿时下跌 50%。到 1997 年，韩国在全球 LCD 面板市场的占有率快速增长到 15.6%。

与此同时，OLED 技术开始进入探索阶段。1987 年，第一个 OLED 器

---

① 1 英寸=2.54 厘米。

件被成功制造。该器件采用两层结构，具有单独的空穴传输层和电子传输层，复合和发光发生在中部。这种设计降低了OLED的工作电压，提高了工作效率，打开了OLED应用的大门。1999年，美国柯达和日本三洋建立了合作伙伴关系，共同研发和生产OLED显示器；同年9月，其推出全球首款2.4英寸有源矩阵全彩OLED显示器，随后越来越多的国际巨头加入了对OLED的研发。

电子纸概念于20世纪70年代被提出。研究人员在透明硅树脂里包覆许多带正负电荷的聚乙烯小单球体，每个球体有黑白两端。改变电场时，球体就会上下转动，通过呈现黑白两色以显示图案。20世纪90年代，麻省理工学院以透明微胶囊取代了原有的小球体，正式确立了电气泳动式的基础技术，即当下的电子纸。1997年元太科技公司成立，进一步推动了电气泳动式电子纸显示技术的量产化应用。

3. 2000～2010年TFT-LCD产业异军突起，OLED逐步走向成熟化阶段

20世纪90年代末，中国厂商从日本厂商处得到转移的技术，具备了LCD显示产业跃升的技术准备。2009年，中国台湾地区LCD面板出货量已占全球总量的40%以上，中国开始进入全球LCD面板市场的第一梯队。

在这一时段，OLED也逐步走向成熟化阶段。2007年，索尼发布全球首款OLED电视XEL-1。2008年国际消费类电子产品展览会上，索尼与三星电子分别展出27英寸和31英寸OLED电视；同年10月，诺基亚N85在欧洲正式发布，这款手机搭载2.6英寸AMOLED显示屏，其因惊艳的显示效果受到消费者的追捧。

2002年，随着全球首个电子纸生产基地落户中国江苏扬州，电子纸技术进入商用化进程。亚马逊也基于其强大的出版内容，于2007年推出了电子纸书阅读器Amazon Kindle。在亚马逊的引领下，全球电子纸书阅读器市场进入发展高潮期。

4. 2010 年以来 Mini LED 进入商用启动期

中国 TFT-LCD 产业在这一时期发展迅速。2008 年经济危机来临，国外需求萎靡导致日韩 LCD 面板市场受挫。而此时，中国 LCD 面板市场依旧保持快速发展。在京东方的高世代生产线投产的作用下，外资企业开始纷纷解除对中国的技术封锁，抢滩中国市场，掀起了一股空前的 LCD 产业投资热潮。随着我国《电子信息产业调整和振兴规划》《国务院关于加快培育和发展战略性新兴产业的决定》等一系列利好政策的颁布实施，以及中国竞争性企业的积极奋进，中国已成为全球 LCD 产业的重要一极。

在 OLED 领域，2010 年三星智能手机 Galaxy S 系列横空出世。从那时起，三星就一直采用自家的 Super AMOLED 屏幕，且延续至今，也造就了现在"曲面+高分辨率和超广色域"的特点。2011 年，京东方鄂尔多斯OLED 5.5 代线正式成立，并于 2013 年 11 月点亮投产，成为中国第一条也是全球第二条 OLED 5.5 代线。2017 年，苹果十周年纪念手机 iPhoneX 采用 OLED 屏幕，助推 OLED 终端应用潮流。此后，苹果在其多款主流产品上都采用了 OLED 屏幕，其他厂商也纷纷跟进，OLED 屏幕已成为众多品牌高端旗舰手机的"标配"。

这一时期，另一重要的产业进展来自 Mini LED 领域。苹果、三星电子、乐金显示、TCL、小米、华为等品牌相继推出 Mini LED 产品，持续加快 Mini LED 商用化进程。2021 年 9 月，创维集团武汉 Mini LED 显示科技产业园项目开工建设，建成后将形成年产超过 240 万台、年产值超 100 亿元的 Mini LED 电视大型智能化制造基地。Mini LED 产业正式进入商用启动期，行业迎来快速成长。

Micro LED 也进入了商业化探索阶段。2012 年，索尼首次推出分辨率为 1920×1080 的 55 英寸 Crystal LED Display 显示屏。2014 年，苹果公司收购了拥有低功耗 Micro LED 显示技术专利的小公司勒克斯维（LuxVue）公司，引起广泛关注。2018 年 1 月，三星电子在国际消费类电子产品展览会上展示了一款名为 The Wall 的 146 英寸 Micro LED 显示屏。2019 年 10 月，三星电子宣布 The Wall Luxury Micro LED 显示屏开始出货。2017 年，京东方开始布局发展 Micro LED 产业；2018 年 2 月，厦门三安光电和三星电子达成 Micro LED 战略合作；2019 年初，京东方与美国公司罗辛尼（Rohinni）成立 Micro LED 合资公司，进行 Micro LED 显示器的研发；2022 年 9 月，TCL 华星光电广州 T9 项目投产，可量产 Micro LED 等新型显示产品。

3.3.2　LD 技术产业发展历程

　　LD 的概念在 20 世纪 60 年代出现，世界各国都尝试将激光技术运用于显示光源。LD 技术产业发展历程如图 3.6 所示。

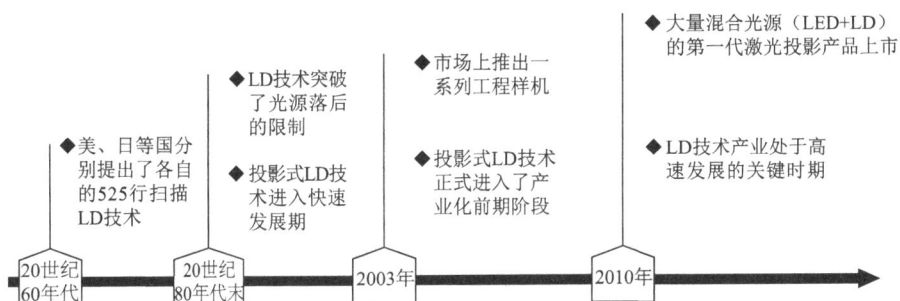

图 3.6　LD 技术产业发展历程

　　20 世纪 60 年代，美国德州仪器（Texas Instruments）公司、美国通用电话电子公司、日本日立公司分别提出了各自的 525 行扫描 LD 技术。但由于气体激光器体积庞大、能耗很高、容易损坏，不适合作为显示光源使用，因此 LD 的发展受到了限制，难以大规模推广。

　　直到 20 世纪 80 年代末，全固态激光技术和大功率半导体激光技术得到了很大的发展，使得 LD 技术突破了光源落后的限制，开始逐渐走向商业化、产业化道路。投影式 LD 技术作为代表，更是进入了快速发展期。

　　2003 年开始，得益于半导体激光器技术的发展，LD 技术研究获得了历史性的突破，并在当时推出了一系列工程样机。2005～2010 年，随着绿光激光器件研发的突破、散斑和闪烁等关键图像噪声参数的抑制减弱，以及核心材料与器件的工业化生产和配套产业的完善，投影式 LD 技术正式进入了产业化前期阶段。

2010 年至今，已有大量混合光源（LED+LD）的第一代激光投影产品上市，主要以传统投影机生产厂家为代表。日本索尼、三菱，韩国三星电子、乐金显示等公司自 2005 年起定期发布不断改进的样机产品，旨在不断推出成熟度更高的产品，以占领这块充满潜力的市场。因此，当前全球 LD 技术产业正处于高速发展的关键时期。

3.3.3 3D 显示技术产业发展历程

20 世纪 50 年代，彩色电视技术发展到实用阶段，互补色立体分像电视技术初步应用于立体电视，3D 显示技术开始萌芽。3D 显示技术产业发展历程如图 3.7 所示。

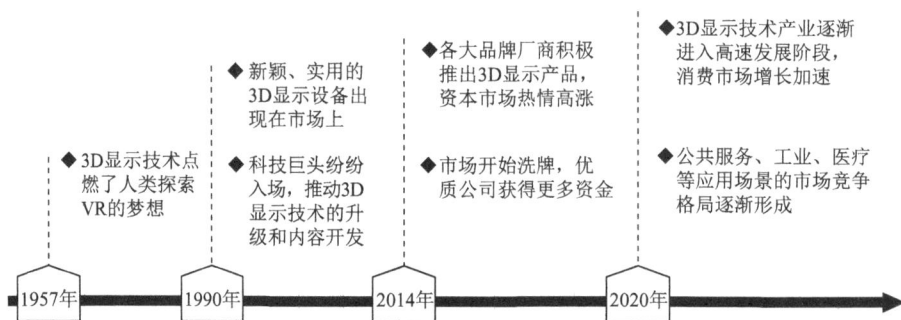

图 3.7 3D 显示技术产业发展历程

1957 年，在电影的启发下，美国人莫顿·海利希（Morton Heilig）开始研制被称为 Sensorama 的 3D 沉浸式体验机器，并在 1962 年申请了相关专利，其中蕴含的 3D 显示技术点燃了人类探索 VR 的梦想。

进入 20 世纪 90 年代后，迅速发展的计算机硬件技术与不断改进的计算机软件系统极大地推动了 3D 显示技术的发展，使得基于大型数据集合的声音和图像的实时动画制作成为可能，人机交互系统的设计不断创新，很多新颖、实用的输入输出设备不断地出现在市场上，而这些都为 3D 显示技术的产业化打下了良好的基础。越来越多的科技巨头纷纷入场，采取了各种举措推动 3D 显示技术的升级和内容开发。

2014 年，谷歌公司推出 Google Cardboard 廉价 VR 眼镜，同年脸书（Facebook，后更名为 Meta Platform Inc）以 20 亿美元的价格收购了 VR 公司傲库路思（Oculus），从此引燃了 3D 显示行业的发展，但预期过高在一定程度上导致了泡沫的形成。2015 年开始，微软、傲库路思、索尼相继发售头显设备，资本市场热情高涨。2018 年，市场开始洗牌，更多专注于产品和技术的公司获得市场和资本的认可，优质公司获得更多资金。

2020 年以后，3D 显示技术产业逐渐进入高速发展阶段，消费市场增长加速，公共服务、工业、医疗等应用场景的市场竞争格局逐渐形成。预计 2025 年后，3D 显示技术产业将进入成熟期，市场竞争格局相对稳定，主流公司的硬件和内容销售额稳步增长，设备普及率大幅提升。

3.4　关键性技术的产业市场规模

3.4.1　FPD 技术市场规模

从市场规模的角度来看，2021 年，全球 FPD 市场景气度上升，出货量和出货面积持续增长，全球 FPD 技术市场规模约 9350 亿元（约 1450 亿美元），同比增长 26.0%。面板厂商对 TFT-LCD 新产线投资步伐明显放缓，对 OLED 的投资依然保持积极，对 Mini LED 和 Micro LED 也均有所布局。Mini LED 和 Micro LED 等新型半导体显示技术相继出现商业化应用，预计未来将拥有一定的市场空间。2017～2021 年全球 FPD 技术市场规模如图 3.8 所示。

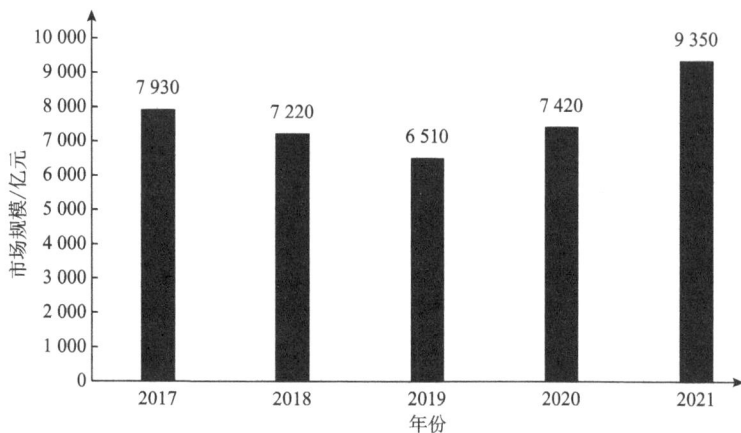

图 3.8　2017～2021 年全球 FPD 技术市场规模

1. TFT-LCD

2021 年，TFT-LCD 显示面板市场规模约 6280 亿元（约 973 亿美元），同比增长 14.4%，在 FPD 整体市场中占据主导地位。2017～2021 年全球 TFT-LCD 技术市场规模如图 3.9 所示。

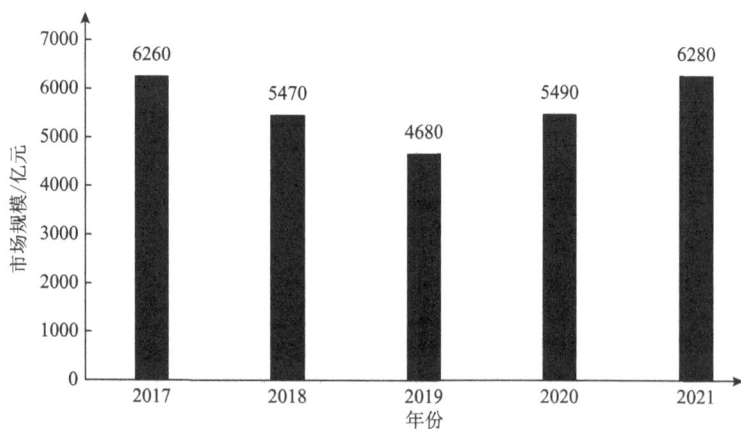

图 3.9　2017～2021 年全球 TFT-LCD 技术市场规模

随着国内面板产业高速发展，我国 TFT-LCD 面板产能在全球占比不断增长，逐步打破了日本、韩国厂商长期的技术垄断。2021 年，中国 TFT-LCD 产能已超过全球产能的 50%，成为全球第一，同时也成为 TFT-LCD 产品的主要生产和消费地。我国 2021 年 TFT-LCD 产能为 20 489 万平方米，比 2020 年增长 16.42%，预计 2025 年我国 TFT-LCD 产能将达到 28 633 万平方米，复合年增长率为 8.73%。

2. OLED

2021 年，全球 OLED 面板市场规模约为 2770 亿元（约 430 亿美元），在全球 FPD 市场中占比约 29.6%。OLED 的渗透率逐步提高，到 2022 年 OLED 在显示领域的渗透率已与 LCD 持平。2017～2021 年全球 OLED 技术市场规模如图 3.10 所示。

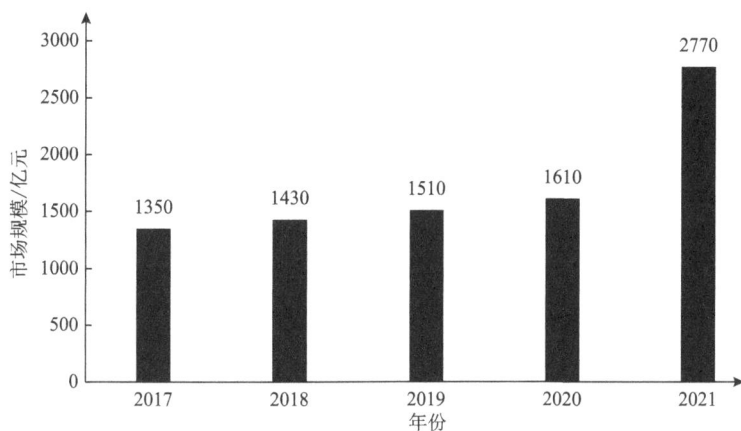

图 3.10　2017～2021 年全球 OLED 技术市场规模

2021 年，中国 OLED 技术市场规模约为 1800 亿元，OLED 面板出货面积增速迅猛，已建及在建的 OLED 产线共 20 条，这些产线全部建成投产之后，预计产能约为 88.65 万片/月；扣去惠科和乐金显示两台高世代 OLED 产线，中国 OLED 产能约为 65.85 万片/月，将成为全球最大的 OLED 面板生产地区。与此同时，上游原材料也将迎来发展黄金时期。中国 OLED

产线情况见表 3.1。

表 3.1 中国 OLED 产线情况

企业	城市	世代	产能（千片/月）	投产年份	状态
京东方	鄂尔多斯	5.5	60	2013	量产
	成都	6	48	2017	量产
	绵阳	6	48	2019	爬坡
	重庆	6	48	2021	量产
	福清	6	48	待定	计划
TCL 华星光电	武汉	6	35	2019	量产
天马微电子	武汉	6	37.5	2017	量产
	上海	5.5	15	2015	量产
	厦门	6	48	2022	爬坡
维信诺	昆山	5.5	15	2015	量产
	固安	6	30	2018	量产
	合肥	6	30	2020	爬坡
和辉光电	上海	6	30	2018	爬坡
	上海	4.5	15	2014	量产
信利	惠州	4.5	30	2016	量产
	眉山	6	30	2022	爬坡
惠科	长沙	8.6	150	2021	量产
乐金显示	广州	6	30	2018	爬坡

OLED 面板市场规模的不断增长，带动了上游 OLED 材料市场的快速发展。2016 年全球 OLED 材料市场规模为 39 亿元（约 6.06 亿美元），到 2021 年全球 OLED 材料市场规模达到了 113 亿元（约 17.54 亿美元），小尺寸红绿蓝三基色 OLED 材料占据 OLED 材料市场总规模的 70%。

3. Mini LED

2021 年，全球 Mini LED 市场规模为 48 亿元（约 7.5 亿美元），预计

2024 年将增长至 150 亿元（约 23.2 亿美元）。我国 Mini LED 产业优势明显，2020 年，中国 Mini LED 市场规模在 15.5 亿元左右（约 2.4 亿美元），2021 年达到了 36.1 亿元（约 5.6 亿美元），同比增长 133%。预计 2024 年中国 Mini LED 市场规模有望突破 64.5 亿元（约 10 亿美元）。

2021 年全球 Mini LED 背光终端产品出货量约为 1630 万台，预计到 2026 年将增长至 3590 万台，其中高端电视的出货量将由 440 万台增长至 2760 万台。电视显示面板面积较大，将有效拉动对 Mini LED 产品的市场需求，并带动 Mini LED 背光成本的下探，实现规模与成本的双轮驱动成长，继而反哺手机、PC 显示器等其他应用市场。

4. Micro LED

随着 Micro LED 产品的不断问世，Micro LED 产业进入商业化探索阶段。现阶段，Micro LED 仍有许多技术挑战与成本问题有待解决，昂贵的价格限制了 Micro LED 产品的市场推广。未来，Micro LED 显示技术有望从 VR 头盔、智能手表、高毛利的车用显示器、高级电视以及大型商用显示屏等利基型产品进入市场，并有机会慢慢渗透到中尺寸的平板电脑、笔记本电脑与 PC 显示器市场中。2021 年，Micro LED 显示芯片的市场规模约为 3870 万元（约 600 万美元），预计到 2024 年，随着成本的下探，Micro LED 显示芯片的市场规模将达到 34.8 亿元（约 5.4 亿美元），行业潜力巨大。

5. 电子纸

2021 年，全球电子纸产业市场规模约 250 亿元，较上年同期增长了 51%，较 2014 年的谷底，产业规模增长了超过 4 倍，年复合增长率近 22%。2021 年，电子价签（电子货架标签）市场持续井喷，需求量持续性远超供给量，拉动了电子纸制造生态蓬勃发展，全年出货量连续创新高，全球电子纸整机出货数量近 1.8 亿台（片）。对比 2011 年的出货量，整整 10 年间，年复合增长率达到 22.5%，电子纸产业全球模组出货数量出现了超 7

倍的增长。电子纸产业应用格局已经打开，带动整个电子纸产业步入高速成
长期。

3.4.2 LD 技术市场规模

2021 年，全球 LD 技术市场销售额达到了 458 亿元（约 71 亿美元）。
中国是全球 LD 产品最大的消费市场，占据全球近一半的市场份额。北美
是全球 LD 产品的第二大消费市场，占比超过 20%。西欧和亚太地区仅次
于中国和北美，份额均超过 10%。2017～2021 年全球 LD 技术出货规模如
图 3.11 所示。

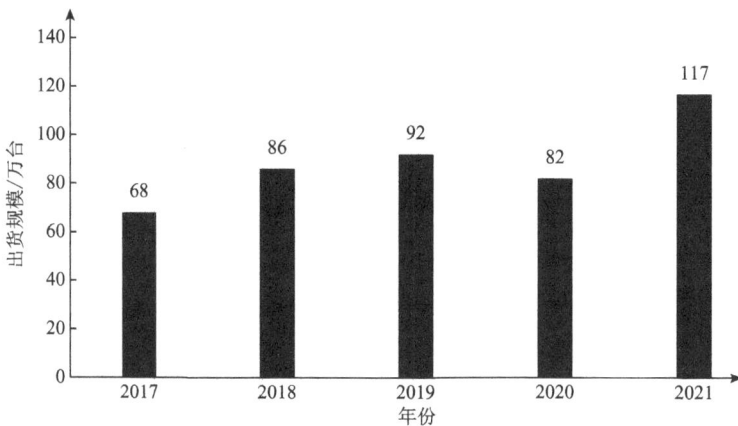

图 3.11　2017～2021 年全球 LD 技术出货规模

2021 年，我国激光投影（包括激光电视）市场出货量为 59.7 万台，
同比增长 41.8%。其中，家用激光投影市场出货量为 34.3 万台，同比增长
50.8%；工程激光投影市场出货量为 12.1 万台，同比增长 179.2%；教育激
光投影市场出货量为 8.9 万台，同比下降 25.6%；商用激光投影市场出货
量为 4.4 万台，同比增长 43.9%。2021 年我国 LD 技术市场应用分布如图
3.12 所示。

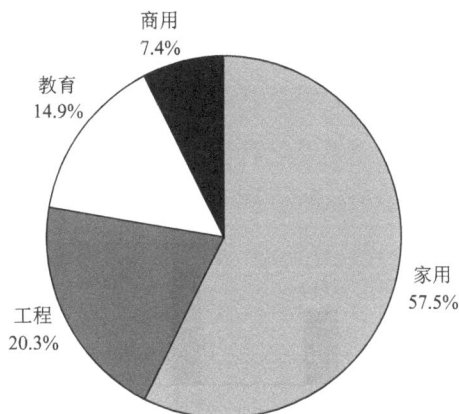

图 3.12　2021 年我国 LD 技术市场应用分布

注：因四舍五入，计算所得数值有时与实际数值有些微出入，特此说明。

3.4.3　3D 显示技术市场规模

3D 显示技术市场正处于高速发展状态，2021 年，全球 3D 显示技术市场规模约 1310 亿元（约 220 亿美元），2020～2024 年全球 3D 显示技术市场规模年均增长率预计约为 54%。2021 年全球 VR 头戴显示器（简称 VR 头显）出货量 1123 万台，同比增长 28.9%，预计 2025 年 VR 头显出货量将达到 2860 万台。当前 3D 显示设备仍然面临价格高昂、内容单一等问题，不过随着技术的不断发展和设备价格的逐渐下降，3D 显示技术市场未来的发展潜力巨大，市场前景广阔。此外，AI 和云计算等技术的不断发展，也将为 VR 市场带来新的机遇和挑战。2020～2024 年全球 3D 显示技术市场规模及预测如图 3.13 所示。

我国 3D 显示技术产业虽然起步较晚，但随着政策不断加码、资本不断投入、应用场景需求不断增长，以及 5G、AI、超高清视频、云计算、大数据等技术不断突破，近年来我国 3D 显示技术产业持续高速发展。2021 年，中国 3D 显示市场规模约为 438 亿元（约 67.9 亿美元），较 2020 年增长 66%，占全球市场总额的 33.4%。预计未来中国 3D 显示的市场份额将进一步提升。

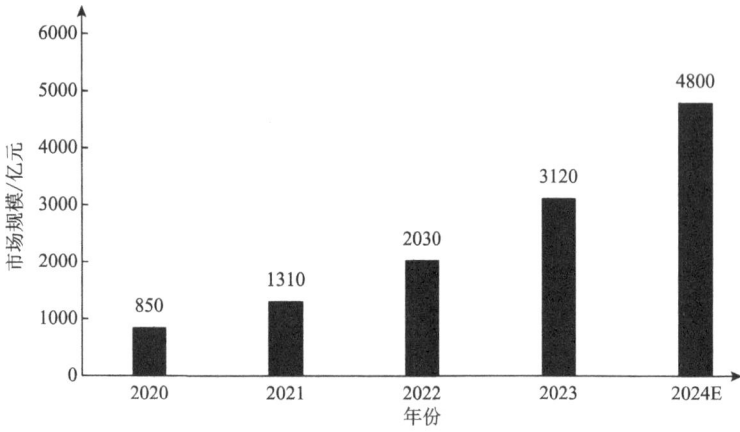

图 3.13　2020～2024 年全球 3D 显示技术市场规模

注：E 为预期（expectation）。

第4章 光显示关键性技术的产业竞争格局研究

4.1 关键性技术的产业竞争格局

4.1.1 FPD技术产业竞争格局

1. TFT-LCD

目前，全球TFT-LCD面板的主要生产厂商包括：中国的京东方、TCL华星光电、惠科、彩虹光电、群创光电、友达光电等；韩国的乐金显示、三星电子等；日本的夏普等。2021年，在全球TFT-LCD市场中，京东方以31.7%的占比居首；其次是群创光电和友达光电，占比分别为16.0%和13.5%；乐金显示占比为13.3%，位列第4；TCL华星光电占比为7%，排在第5位（图4.1）。

随着TFT-LCD面板技术的成熟，其升级放缓，未来短期内新产线投产速度也明显放缓，行业供需趋于稳定，周期性减弱。现阶段TFT-LCD面板产业主要集中在中国，不同于此前产能转移的是，暂未看到有下一个新的产业承载地区出现，而随着韩国厂商的逐步退出，中国厂商凭借技术以及成本优势有望不断压缩其他厂商份额，将拥有TFT-LCD面板行业的绝对话语权，长期格局稳定。

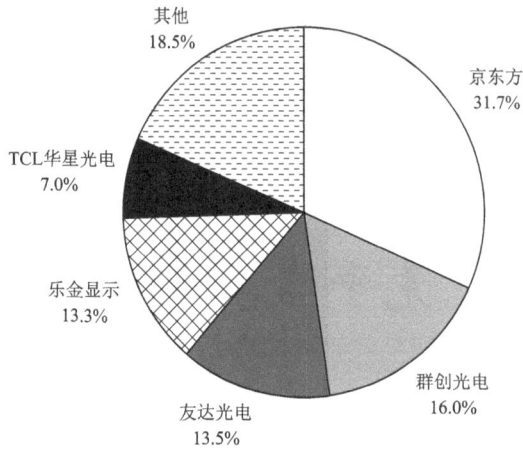

图 4.1　2021 年全球 TFT-LCD 市场竞争格局

2. OLED

全球 OLED 面板的主要生产厂商包括三星电子、乐金显示、京东方、维信诺、和辉光电和深天马等。2021 年，三星电子依旧占据全球 OLED 80% 以上的市场份额，而京东方与和辉光电已分别占到全球 OLED 3.6% 和 3.4% 的市场份额，超过了乐金显示（2.8%）的市场占有率水平（图 4.2）。

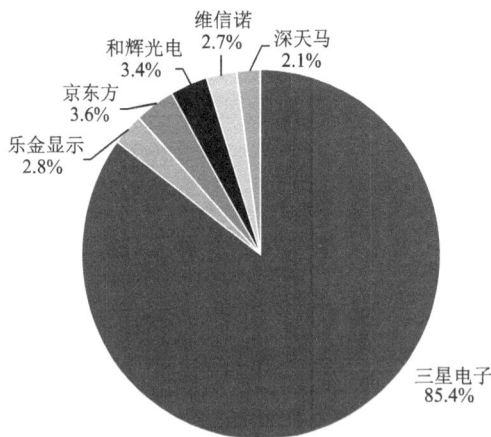

图 4.2　2021 年全球 OLED 市场竞争格局

2021 年，以三星电子及乐金显示为代表的韩国 OLED 面板企业在产能上仍然占据了主要的市场份额，但中国企业在 OLED 面板市场的份额快速提升，有望实现"后发先至"。2016～2020 年，中国面板厂在全球智能手机 OLED 面板市场的市场占有率从 1.1%跃升至 13.2%。2017～2020 年，京东方在全球智能手机 OLED 面板市场占有率从 0.1%大幅提升至 8.8%。不同于 TFT-LCD 产业发展中后期国内厂商才切入的情况，国内厂商在 OLED 产业发展前中期就已进入，在技术、产能以及市场上，都在快速追赶。

3. Mini LED

国外 Mini LED 主要企业包括三星电子、苹果、乐金显示等。目前，三星电子、苹果等正积极推进 Mini LED 产品的量产入市。三星电子 Mini LED 产品主攻背光电视领域，2021 年全球 Mini LED 电视出货量达 440 万台，其中三星电子出货量达 200 万台；苹果在 2021 年开始在 iPad Pro 和 MacBook 上采用 Mini LED 屏幕，积极推动 Mini LED 向旗下 IT 产品渗透。不仅如此，各大品牌厂商纷纷与上游材料厂商合作研发或完成收并购，以实现全产业链整合，谋求更高的竞争力。

国内 Mini LED 主要企业包括 TCL 华星光电、京东方、创维、利亚德、联想等。TCL 华星光电目前在国内 Mini LED 背光电视领域市场规模最大，2021 年销售 Mini LED 电视达 30 万台，销售额超过 10 亿元；三安光电 Mini LED 背光芯片已批量供货三星电子，有望持续受益。中游制造商与下游应用商进一步整合，下游品牌厂加速向中上游延伸，整合上下游产业链，以提升自身在供应链中的话语权。例如 2020 年 3 月，TCL 华星光电与三安半导体成立联合实验室，聚焦 Micro LED 显示技术开发。TCL 华星光电、京东方等国内厂商基于 TFT-LCD 产业的优势地位，有望凭借自身在玻璃端及 LCD 显示屏端的技术优势，领跑 Mini LED 背光产业。

4. Micro LED

当前全球 Micro LED 产业正处于初期的商业化探索阶段。国外主要企业包括三星电子、索尼、苹果等科技巨头。其中，三星电子是目前 Micro LED 领域的领先者，其已经推出了一系列 Micro LED 产品，并在 2018 年收购

Micro LED 技术公司锌创科技（PlayNitride），以进一步加强其在这一领域的实力。此外，京东方、三安光电、TCL 华星光电、利亚德等中国企业，也在积极研发 Micro LED 技术，预计未来将在市场上占有一席之地。随着 Micro LED 技术的不断成熟和应用范围的扩大，市场竞争将会越来越激烈。

中国紧跟国际研发步伐，龙头企业开展 Micro LED 前瞻性技术研发。TCL 华星光电和三安光电已布局 Micro LED 外延芯片，并实现了 15 微米微缩化工艺，其中三安光电将 Micro LED 作为未来重点发展方向。2020年 3 月，利亚德与晶元光电共同注资成立合资公司利晶微电子，双方共同打造全球首个运用巨量转移技术实现最小尺寸 Micro LED 显示产品大规模量产的产业基地。

5. 电子纸

目前全球电子纸模组的核心企业主要为中国企业，且全球 95%以上的电子纸模组均在中国生产，主要分布在华东、西南、东北、华南等地区，中国电子纸模组企业主要包括京东方、元太科技、威峰科技、奥翼电子、合力泰、东方科脉、亚世光电、清越科技等。国外电子纸模组企业主要包括亚马逊、富士胶片、索尼等。模组厂商的竞争格局呈现高集中寡占型，排名前三的企业市场份额占比高达 78.2%。

4.1.2 LD 技术产业竞争格局

全球范围内，LD 技术的发展脚步从未停歇，各个国家均投入了大量人力、资金开发 LD 技术，意欲争取国际竞争中的话语权和参与权（刘成，2021）。国外 LD 主要企业包括乐金显示、三星电子、索尼等国际显示巨头。2019 年乐金显示重返 LD 阵营，发布了激光投影产品，2020 年三星电子推出两款激光电视产品，在美国、欧洲等市场销售。

美国、德国、日本、韩国等已围绕 LD 光源、成像芯片、投影镜头等核心材料和器件进行了布局，甚至在部分关键材料和器件方面存在"卡脖子"现象。细分来看，日本企业在激光光源、3LCD技术和LCOS技术、光学镜头、幕布等方面具有优势；美国在DLP芯片供应方面处于核心位置，在超短焦镜头方面也有技术布局；欧洲的优势主要集中在光学，蔡司镜头和徕卡相机至今仍代表了世界光学设计、加工和制造技术的高水准。

中国在编解码芯片方面拥有全球领先技术，在激光投影领域占据较大市场，在光学幕布方面则是生产黑栅屏幕的聚集地。中国LD主要企业包括海信视像、长虹、光峰科技、极米科技、菲斯特等。在海信视像、长虹、光峰科技等龙头企业的拉动下，中国激光电视企业在核心技术、核心部件等领域相继取得重大突破。抗光屏幕膜片已有菲斯特、光峰科技等多家品牌具备产业化能力，且产品性能快速迭代；超短焦镜头有联合光电等在内的多家企业实现量产；在半导体激光器和显示芯片领域，中国科学院等科研机构也已进行长期布局并取得明显进步；在光学镜片、精密结构件等领域，中国企业已经具备较强的配套能力，全产业链体系初步形成。

4.1.3　3D显示技术产业竞争格局

国外3D显示企业主要包括微软、Meta、谷歌、英伟达、苹果等；国内3D显示企业主要包括青岛小鸟看看、乐相科技、耐德佳、华为、爱奇艺等。

当前，Meta、微软、谷歌、苹果、英伟达等国外巨头持续发力3D显示产业。Meta公布了打造元宇宙的新计划，在公司VR实验室团队下成立元宇宙产品团队，持续在VR/AR及其他元宇宙相关领域进行产品服务研发。英伟达创建了Omniverse虚拟工作平台，已有17 000个用户体验版在建筑、娱乐、游戏等领域实现应用。罗布乐思（Roblox）、埃匹克（Epic）等美国游戏公司加大了对3D显示内容业务的资金投入。

国内方面，华为、青岛小鸟看看、乐相科技、耐德佳等企业发售标杆性VR/AR终端，OPPO、vivo、创维、联想、爱奇艺、字节跳动等企业跨界入局。居家娱乐、在线教育、远程医疗、远程巡防等行业应用需求增长，

3D 显示终端出货量快速增长，国内 3D 显示产业核心技术不断取得突破，国产系统及解决方案逐渐成熟，已形成较为完整的 3D 显示产业链。

4.2　代表性竞争企业

4.2.1　FPD 代表性企业

1. 京东方科技集团股份有限公司

京东方科技集团股份有限公司（简称京东方）创立于 1993 年 4 月，是一家为信息交互和人类健康提供智慧端口产品和专业服务的物联网公司，形成了以半导体显示事业为核心，Mini LED、传感器及解决方案、智慧系统创新、智慧医工事业融合发展的 "1+4+N" 航母事业群。

作为全球半导体显示产业龙头企业，京东方带领中国显示产业实现了从无到有、从有到大、从大到强。目前全球每 4 个智能终端就有一块显示屏来自京东方，其超高清、柔性、微显示等解决方案已广泛应用于国内外知名品牌。

2021 年，京东方实现营收 2193.1 亿元，同比增长 61.79%，其中显示器件业务实现营收 2022.2 亿元，同比增长 64.30%。市场地位进一步稳步提升，产品销量同比增长 9%，销售面积同比增长 37%，智能手机 LCD 屏、平板电脑显示屏、笔记本电脑显示屏、显示器显示屏、电视显示屏等五大主流产品销量市场占有率继续稳居全球第一。创新应用产品销售面积同比增长 26%。柔性 OLED 方面，出货量快速提升，业务发展取得突破，2021 年 12 月单月出货量首次突破千万级。Mini LED 业务在产品、技术、市场多领域取得突破，实现营收约 4.52 亿元。应用京东方独有的玻璃基主动式驱动技术，推出 75 英寸、86 英寸电视背光产品、34 英寸显示器背光产品，且 P0.9 显示产品实现全球首发；推出业内首款 PCB 基 55 英寸 Mini LED

拼接背光产品，打入高端安防市场；Mini LED 背光笔记本产品实现头部品牌客户量产交付；Mini LED VR 产品实现头部品牌客户量产导入。2021 年京东方营业收入情况（按产品分类）见表 4.1。

表 4.1　2021 年京东方营业收入情况（按产品分类）

项目	金额/万元	占营业收入比重/%
显示器件	20 221 926	92.21
物联网创新业务	2 837 933	12.94
传感器及解决方案	21 618	0.10
Mini/Micro LED	45 152	0.21
智慧医工	184 655	0.84
其他及抵消	−1 380 306	−6.30

此外，京东方持续保持着对研发的高强度投入，2021 年公司研发投入首次突破百亿，同比增长 31.72%。京东方坚持"以质为主、量质并举"的全球专利布局策略，连续 6 年跻身全球国际专利申请排名前 10 位，并连续 4 年位列美国专利授权排行榜全球前 20 位，其中 2021 年度全球排第 11 位。

2. 乐金显示（韩国）

乐金显示（LG Display）隶属于乐金集团，总部位于韩国首尔，是一家跨国型显示企业，自 1987 年开发出 TFT-LCD 以来，通过 OLED、平面转换等差异化技术，进行创新型显示器及相关产品的生产和销售。在韩国、中国、美国、日本和欧洲设有研发、生产和贸易机构。乐金显示在电视、手机、IT 与汽车、商务等多种显示应用领域，针对影院音效 OLED、8K OLED、柔性 OLED 等创新性新技术不断进行研发创新。

2021 年，乐金显示公司营业收入同比增长 23%，达到约 1670 亿元人民币（约 29.878 万亿韩元），营业利润约 125 亿元人民币（约 2.23 万亿韩元）。2021 年乐金显示营业收入情况（按产品分类）见表 4.2。

表 4.2 2021 年乐金显示营业收入情况（按产品分类）

项目	占营业收入比重/%
电视面板	27
IT 面板（显示器、笔记本电脑、PC、平板电脑等）	42
手机面板	31

截至 2021 年 12 月 31 日，公司累计专利 53 489 项（包括已过期的专利）。其中，在韩国注册 23 109 项专利，在其他国家注册 30 380 项专利。2021 年，公司在韩国注册 1763 项专利，在其他国家注册 2379 项专利。

3. 三星电子（韩国）

三星电子（Samsung Electronics）为三星集团旗下子公司，是韩国最大的消费电子产品及电子组件制造商，也是全球最大的 IT 公司之一。2021年，三星电子在英图博略（Interbrand）全球品牌排行榜中名列第 5，连续10 年进入世界品牌 10 强，在美国《财富》杂志 2021 年评选的财富世界 500强排行榜中为第 15 名。

2021 年，三星电子的营收创历史新高，达到约 1.57 万亿元人民币（约279.6 万亿韩元）；营业利润约 2890 亿元人民币（约 51.63 万亿韩元）。营收能够创造新高主要是由移动业务和芯片销售两大业务所推动。

4. 夏普公司（日本）

夏普公司（Sharp Corporation）是一家日本电器及电子公司，1912年由早川德次创立，总公司设于日本大阪。夏普公司自创业以来，开展的业务有收音机、太阳能电池、LCD 器件等不同系列。夏普公司相继推出了多个"日本首次""世界首次"的产品，是一个大型的综合性电子信息公司。

夏普公司公布的 2021 财年业绩显示，其全年净销售额约为 1430 亿元人民币（约 24 259 亿日元），全年营业利润约为 48.9 亿元人民币（约 831

亿日元），全年净利润 31.3 亿元人民币（约 533 亿日元）。2020 财年业绩为全年净销售额约 1330 亿元（约 22 623 亿日元），全年营业利润约为30.3 亿元人民币（约 515 亿日元），全年净利润 8.1 亿元人民币（约 137 亿日元）。

2021 年，夏普公司的智慧生活白家电领域产品在日本的销售额大幅上升，且洗衣机、烹饪用具等的销售额也有所上升。此外，设备业务及其他领域的销售额增长 3.4%，增长至 517 亿元人民币（约 11177.44 亿日元），该部门利润增长 79.7%，达 42.1 亿元人民币（约 715.59 亿日元）。该公司的 8K Ecosystem 多功能打印机和面板的销售额虽然下降，但个人电脑和平板电脑、大尺寸面板、成品电视用面板的销售额同比增长 11.2%，达 754 亿元人民币（约 12 829.38 亿日元）。ICT 移动通信和个人电脑业务的销售额同比增长 0.4%达 211 亿元人民币（约 3589.23 亿日元）。

5. TCL 华星光电技术有限公司

TCL 华星光电技术有限公司（简称 TCL 华星光电）成立于 2009 年，是一家专注于半导体显示领域的创新型科技企业，TCL 科技集团为 TCL 华星光电的最大股东。2021 年，TCL 华星光电已建和在建的生产线共有 6 条，合计投资金额近 2000 亿元，形成了在国内液晶面板领域的竞争优势。深圳、惠州基地为大尺寸电视面板、模组生产基地，武汉基地为中小尺寸面板、模组生产基地，印度基地为模组生产基地。TCL 华星光电积极布局 Mini LED、Micro LED、OLED、印刷显示等先进显示技术，产品覆盖大中小尺寸面板及触控模组、电子白板、拼接墙、车载、电竞等高端显示应用领域，构建了在全球面板行业的核心竞争力。TCL 华星光电依托技术升级和产能规模增加，持续扩大在半导体显示领域的产品市场占有率。2021 年，TCL 华星光电实现销售面积 3949.15 万平方米，同比增长 36%；营业收入 881 亿元，同比增长 88.4%；净利润 106.5 亿元，同比增长 339.6%；研发投入 87.7 亿元，同比增长 34.1%；新增 PCT 专利申请 1254 件，累计申请 14 051 件，位居中国企业前列。显示业务重点围绕印刷 OLED、QLED 以及 Micro LED 等新型显示技术的工艺、材料和设备持续加大研发投入，联合行业、科研机构和高校打造新技术开发和应用生态，2021 年量子点电致发光技术和材料专利申请数量达 1964 件，位居全球第 2。

6. 元太科技工业股份有限公司

元太科技工业股份有限公司（简称元太科技）专营电子纸设计研发与制造，为全球最大的电子纸制造商，总部位于中国台湾。元太科技创立后，持续深耕电子纸显示器领域。2008 年，为应对逐渐扩增的市场，元太科技并购韩国现代显示技术株式会社（Hydis），大幅提升产能以满足市场需求，现代显示技术株式会社拥有的广视角显示技术——边缘场开关技术，让元太科技在中小型尺寸面板产业中领先。为巩固在电子纸面板上的领导地位，2009 年元太科技宣布并购美国元太科技公司，整合电子书产业上、中游技术，成为全球电子纸面板产业的龙头。2009 年 12 月完成美国元太科技公司并购案后，元太科技成为业界唯一具有上游电子墨水技术与中游电子纸制造技术，并具量产能力与规模的制造商。目前市场上约 90% 的电子纸阅读器，皆采用电子墨水（E Ink）电子纸。

2021 年，元太科技全年营收约 44 亿元人民币。元太科技持续投入于彩色电子纸技术研发，E Ink Kaleido™ Plus 彩色印刷电子纸、E Ink Spectra™ 3100 四色电子纸、E Ink Gallery™ 先进彩色电子纸等三大彩色电子纸技术均已量产。此外，除持续进行彩色电子纸技术研发外，元太科技也专注于电子纸材料的研发。

4.2.2 LD 代表性企业

1. 海信视像科技股份有限公司

海信视像科技股份有限公司（简称海信视像）于 1997 年 4 月在上海证券交易所上市，拥有海信、东芝和 Vidaa 三个品牌，曾连续 10 多年蝉联中国电视销售第一。海信视像位于山东省青岛市，主营业务涵盖智慧显示终端，以及 LD、商用显示、云服务、芯片等新显示新业务板块。

2021 年，海信视像实现营业收入 468.01 亿元，同比增长 19.04%；净利润 15.95 亿元，同比增长 4.57%；扣非后归母净利润 7.96 亿元，同比增长 77.61%；主营业务收入同比增长 21.92%，经营性现金流同比增长 433.42%，抗风险能力大幅提升。智慧显示终端实现收入 378.06 亿元，同比提升 20.89%，发展稳健。

海信视像的新显示新业务，包括 LD、商用显示、云服务和芯片业务，整体呈现高盈利、快速发展的产业特点，持续以新技术、新市场、新客户群创造新的业绩增长点，推动企业进入新发展周期，2021 年实现收入 46.01 亿元，同比增长 40.96%。2021 年海信视像营业收入情况（按产品分类）见表 4.3。

表 4.3　2021 年海信视像营业收入情况（按产品分类）

项目	金额/万元	占营业收入比重/%
智慧显示终端	3 780 617	80.8
新显示新业务	460 061	9.8
其他	439 929	9.4

2. 四川长虹电器股份有限公司

四川长虹电器股份有限公司（简称长虹）始创于 1958 年，位于四川绵阳，是一家全球化综合型科技企业，主营以电视、冰箱（柜）、家用空调、洗衣机、扫地机器人、智能盒子等为代表的智能家电业务，以冰箱压缩机为代表的核心部件业务，以 ICT 产品分销和专业 ICT 解决方案提供为代表的 ICT 综合服务业务，以电子制造为代表的精益制造服务业务，以及其他相关特种业务等。2021 年长虹营业收入情况（按产品分类）见表 4.4。

表 4.4　2021 年长虹营业收入情况（按产品分类）

项目	金额/万元	占营业收入比重/%
电视	1 384 150	13.9
空调冰箱	1 536 361	15.4
ICT 产品	3 773 761	37.9
其他	3 268 928	32.8

电视业务方面，长虹持续深耕"多模态、画质及智能诊断"三大核心技术，快速迭代实现产品应用，行业首发极智薄 8K 电视 Q8K、超大板精品 98Q8R、精品 XF 系列以及创新产品 ADDFUN 自由屏，深受行业及用户好评；持续强化 LD 技术创新，全新一代三色 LD 技术研发进展顺利，光机光效提升 10%，亮度提升 30%，色域提升 10%，色彩更加真实、细腻、有层次。长虹在国内坚持产品创新，坚定推进大尺寸转型，提升高价值产品占比，优化产品结构；在海外大力推动产品升级，持续完善中高端系列产品布局。

3. 深圳光峰科技股份有限公司

深圳光峰科技股份有限公司（简称光峰科技），是全球领先的拥有原创技术、核心专利、核心器件研发制造能力的 LD 科技企业。光峰科技是首批科创板上市公司，也是科创板广东省第一股、A 股 LD 第一股。光峰科技总部及研发中心设在深圳，专业人才涵盖光学、电子、材料、物理、机械设计、精密制造等多个领域，形成了 LD 领域全球综合研发实力最强的国际化科研队伍。

作为显示行业的驱动者，光峰科技在 2007 年于全球率先发明了先进的激光荧光粉显示技术，该技术已成为国际 LD 领域的主流技术，并在全球范围率先实现技术产业化。光峰科技现已推出影院放映、家用显示、商用大屏、教育智能大屏等显示方案，并广泛覆盖影院、指挥调度、展览展示、虚拟仿真、户外亮化、舞台演艺、教育、家庭等应用领域。目前，光峰科技是中国第一个能够生产具有数字版权唯一标识符认证的数字电影放映机的公司，且国内激光电影光源部署量排名第一。作为领先的 LD 企业，光峰科技与全球多家知名品牌和机构开展深度合作，率先布局车载显示、航空投显、AR 等全新赛道，已与新能源头部车企、航空巨头空中客车公司（Airbus）达成合作。

2021 年，光峰科技实现整体营收 25 亿元，同比增长 28%；归母净利润为 2.3 亿元，同比增长 105%；扣非归母净利润为 1.2 亿元，同比增长 208%；整体毛利率 34%，同比增加 5 个百分点。2021 年光峰科技营业收入情况（按产品分类）见表 4.5。

表 4.5　2021 年光峰科技营业收入情况（按产品分类）

项目	金额/万元	占营业收入比重/%
激光光学引擎	28 881	11.6
激光投影整机	170 804	68.4
激光电影放映机	6 253	2.5
激光电视	56 185	22.5
激光商教投影机	29 435	11.8
激光工程投影机	21 723	8.7
智能微投	57 208	22.9
其他	50 138	20.0

4. 极米科技股份有限公司

极米科技股份有限公司（简称极米科技）成立于 2013 年 11 月，专注于智能投影和激光电视领域，是一家集设计、研发、制造、销售和服务于一身的高新科创企业。基于让"光影改变生活"的使命，极米科技致力于突破极限，追求极致，在智能投影领域开创了多项引领行业的创新技术，荣获德国红点设计奖、德国世界知名设计奖、日本优良设计奖、美国杰出工业设计奖世界四大工业设计大奖等 30 余项国际大奖。通过线上与线下零售相结合的方式，极米科技的用户已经遍布全球多个国家和地区。

2021 年，极米科技营业收入为 40.38 亿元，同比增长 42.78%；净利润 4.83 亿元，同比增长 79.87%。营业收入主要来自核心产品智能微投，2021 年智能微投产品销量为 107.9 万台，创收 35 亿元，占公司营业收入总额的 86.6%，销售收入较 2020 年增加 52%。2021 年极米科技营业收入情况（按产品分类）见表 4.6。

表 4.6　2021 年极米科技营业收入情况（按产品分类）

项目	金额/万元	占营业收入比重/%
智能微投	350 123	86.6
创新产品	21 937	5.4
激光电视	6 389	1.6
其他	25 351	6.4

4.2.3　3D 显示代表性企业

1. 谷歌（美国）

谷歌（Google）公司成立于 1998 年 9 月 4 日，为字母表（Alphabet）的子公司，业务范围涵盖互联网广告、互联网搜索、云计算等领域，开发并提供大量基于互联网的产品与服务。

2012 年谷歌发布 Google Glass 一代 AR 眼镜，并在两年后的 Google I/O 2014 大会上首次亮相了 VR 盒子 Cardboard，这标志着谷歌开始正式踏入 AR/VR 领域。2015 年年初，已经迭代一次的第二代 Project Glass 项目被撤销，但 Google Glass 本身并没有消亡，而是被划归到了消费类硬件部门。同年的 Google I/O 大会上，Cardboard 在硬件层面做出改进，支持 6 英寸以上的手机，并且增加对 iPhone 的支持。谷歌 2016 年发布 DayDream View VR 头盔；2017 年发布 Google Glass 企业版；2019 年发布 Google Glass 二代企业版；2020 年收购加拿大北方公司。谷歌从 2022 年 8 月开始，在现实世界中测试 AR 原型机，谷歌 AR 原型机将包括镜头内显示器、麦克风和摄像头。

2021 年，谷歌全年营收高达 1.66 万亿元人民币（约 2576 亿美元），同比增长 41%；净利润 4900 亿元人民币（约 760 亿美元），同比增长 89%。其中谷歌服务的营业收入 1.53 万亿元人民币（约 2375 亿美元），占比 92.3%，主要包括广告、谷歌应用商店、硬件和 YouTube 等收入；谷歌云的营业收入 1240 亿元人民币（约 192 亿美元），占比 7.5%；其他的新业务，收入 48.4 亿元人民币（约 7.5 亿美元），占比 0.3%。

2. 微软（美国）

微软（Microsoft）公司成立于 1975 年，总部设立在华盛顿州雷德蒙德。微软为客户提供软件、服务、平台和内容，并且提供解决方案支持和咨询服务，还向全球受众提供相关的在线广告。公司的软件产品包括操作系统、跨设备生产力应用程序、服务器应用程序、业务解决方案应用程序、桌面和服务器管理工具、软件开发工具和视频游戏。微软还设计、制造和销售设备，包括 PC、平板电脑、游戏和娱乐控制台、混合现实设备、其他智能设备以及相关配件。

2021 年，微软营业收入为 1.08 万亿元人民币（约 1680.88 亿美元），同比增长 17.53%；净利润为 3950 亿元人民币（约 612.71 亿美元），同比增长 38.37%。营收可分为生产力与业务流程（productivity and business processes）、智能云（intelligent cloud）、更多个人计算（more personal computing）三个部分。

微软于 2015 年 1 月发布基于 Windows 10 的头戴式混合现实设备 HoloLens。它最大的特点就是拥有独立的计算单元，可以完全独立使用，不受线缆限制，能够让用户与数字内容交互，与周围真实环境中的全息影像互动。2019 年 11 月 HoloLens 2 发布，HoloLens 2 是一款佩戴舒适的混合现实设备，拥有先进的行业解决方案，并提供优秀的沉浸感体验。在 AR/VR 软件服务方面，微软专注开发了混合办公协作产品 Mesh for Teams。

3. Meta（美国）

Meta 公司创立于 2004 年 2 月 4 日，总部位于美国加州门洛帕克，最初名为 Facebook，后于 2021 年 10 月由创始人扎克伯格宣布改名为 Meta。Meta 主要经营社交网络服务、VR、元宇宙等领域，旗下拥有脸书、Instagram、WhatsApp 等社交软件，并于 2014 年 3 月以 20 亿美元（约 129 亿元人民币）的价格收购了 VR 公司傲库路思，从此引燃了 AR/VR 行业的发展。

2016 年 3 月，傲库路思旗下产品 Oculus Rift 首个消费者版本发售，外界对该设备的期望值也达到了顶峰。2018 年 5 月，VR 一体机 Oculus Go 发布，Oculus Go 设备采用"快速切换"WQHD 液晶屏幕，具有立体声效果，可以提供数千款 VR 游戏和 360 度视频体验。2019 年 5 月，第一代 Oculus Rift 的升级版 Oculus Rift S 发售，在显示效果、工业设计和一些其他的细节上进行了升级；同时推出的还有高端 VR 一体机 Oculus Quest，其最大的亮点，就是同时在头显和控制器上支持六自由度的位置追踪。2020 年 9 月，Oculus Quest 2 正式发布，并同时开放预购。这款设备的尺寸和重量皆优于初代 Oculus Quest，并且实现了更快的响应速度和更高的分辨率，设备起售价为 299 美元（约 1928 元人民币）。

2021 年 Meta 公司全年营收 7610 亿元人民币（约 1179.3 亿美元），同比增长 37%，净利润 2540 亿元人民币（约 393.7 亿美元），同比增长 35%。公司业务可分为应用家族（脸书、Instagram、Messenger 和 WhatsApp 等）和 Reality Labs（VR/AR）两大类。Reality Labs 包括 AR/VR 硬件和软件，在 2019 年的营收为 32.3 亿元人民币（约 5.01 亿美元）；2020 年同比增长 127.6%，达到 73.5 亿元人民币（约 11.39 亿美元）；2021 年则同比增长 99.6%，达到 146.7 亿元人民币（约 22.74 亿美元）。由于 VR/AR 业务依然需要大量的前期投入，所以 Reality Labs 一直是亏损状态。Reality Labs 在 2019 年的亏损金额是 290 亿元人民币（约 45.03 亿美元），2020 年为 427 亿元人民币（约 66.23 亿美元），而 2021 年则达到 657 亿元人民币（约 101.93 亿美元），同比增长 53.86%。

4. 青岛小鸟看看科技有限公司

青岛小鸟看看科技有限公司（简称青岛小鸟看看），成立于 2015 年 3 月，是全球领先的具备独立创新和研发制造能力的 VR/AR 品牌。硬件产品包括 Neo 系列、G 系列。其中 G 系列定位为 2000 元价位段一体机 VR 消费产品，主打观影、轻交互的使用场景，代表产品为 Pico G2 4K 版，用户可以在 Pico 自研巨幕影院中选座观影，也可以在多人影院中边看边聊，还可以体验 3DoF VR 游戏。Neo 系列产品支持头手 6DoF 交互，在游戏和商业领域等都有广泛的应用。最新一代产品 Pico Neo 3 采用高通骁龙 XR2 平台，拥有强大的数据处理能力和硬件驱动能力，轻松实现了 4K 级别的高清屏幕分辨率，同时自研的 6DoF 定位追踪算法配合丰富的光学传感器，不仅拥有超低延迟，而且空间定位更精准。

2021 年，青岛小鸟看看被字节跳动收购，交易价格达 90 亿元。被收购后，青岛小鸟看看有望补齐算法与应用市场的短板而获得快速发展。2021 年，青岛小鸟看看出货量约为 50 万台，营收约为 2.5 亿元。

5. 乐相科技有限公司

乐相科技有限公司（简称乐相科技）成立于 2015 年，旗下拥有大朋 VR 子品牌，是国际领先的软硬件一体化的全栈 XR 技术与产品公司，致力于建设元宇宙的基础设施，并在其中打造更加富有效率的交互内容和形式。

近年来，乐相科技的 VR 头显设备主打企业市场，2021 年发布两款 P 系列产品：大朋 P1 Pro 行业入门版以及大朋 P1 Ultra 4K。元宇宙的火爆带动了 VR 行业消费者市场的蓬勃增长，消费者市场前景广阔，随着 Pico 和爱奇艺的产品在消费者市场的快速增长，乐相科技在消费者市场面临的压力增加，2022 年，乐相科技发布 E 系列新产品大朋 VR E4 与新版大朋助手，打造 VR 游戏新旗舰。此外，2022 年，乐相科技与多家 VR 内容制作公司达成战略合作，多款 VR 游戏加入公司内容生态。

4.2.4　高成长型代表企业

1. 杭州中科极光科技有限公司

杭州中科极光科技有限公司（简称中科极光）成立于 2015 年，是中国科学院理化技术研究所、杭州市钱塘区、风险投资团队和技术团队等共同投资成立的有限责任公司。公司秉承"打造 LD 产业链和创新链"的理念，致力于三色 LD 前沿技术研究和产业化工作。中科极光以中国科学院理化技术研究所应用激光中心团队为基础，以许祖彦院士、毕勇博士为学术带头人，组建了一支集产学研于一体的研发团队，成功向市场推出真激光电视、影院激光光源系统、工程投影一体机等新一代 LD 系列产品。围绕真 LD，中科极光多领域布局，全面探索符合大屏显示趋势的发展路径，业已拥有年产 3 万台 LD 产品的现代化柔性产线。

2. 杭州灵伴科技有限公司

杭州灵伴科技有限公司（简称灵伴科技）成立于 2014 年，是一家专注人机交互技术和 AI 软硬件产品开发的科技创新型企业，产品涵盖智能家庭机器人、智能音箱、AR 眼镜，以及 AI 应用与服务。灵伴科技总部位于杭州，在北京和美国硅谷均设有研发实验室，用于 AI 理论、算法研究，以及前瞻性技术的探索。灵伴科技拥有国际领先的自主 AI 技术研发和创新能力，核心技术包括语音唤醒、语音识别、自然语言处理、图像识别等。

作为行业的探索者、领跑者，灵伴科技目前致力于 AR 眼镜等软硬件产品的研发及以 YodaOS 操作系统为载体的生态构建。公司通过语音识别、自然语言处理、计算机视觉、光学显示、芯片平台、硬件设计等多领域研究，将前沿的 AI 和 AR 技术与行业应用相结合，为不同垂直领域的客户提供全栈式解决方案，有效提升用户体验、助力企业增效、赋能公共安全，其 AI、AR 产品已在全球 70 余个国家和地区投入使用。

3. 广纳四维（广东）光电科技有限公司

广纳四维（广东）光电科技有限公司（简称广纳四维）成立于 2021 年，是一家专注于 AR 衍射光波导微纳光学器件的研发和生产的公司，目前已入库广东省科技型中小企业，入围广州开发区上市苗圃企业。广纳四维由国家纳米科学中心和广东粤港澳大湾区国家纳米科技创新研究院共同孵化，拥有高质量、高水平的研发团队。团队依托国家纳米科学中心 20 多年的纳米材料研发和尖端纳米加工技术积累，以光学设计为核心，通过不断自主研发，掌握了衍射波导批量化生产的全链条核心技术，具备从制备母版到压印波导镜片，再到切割封装、器件检测的全流程研发生产能力。主要产品有近眼显示衍射波导器件、光场 3D 衍射波导器件、汽车 AR-HUD、光电传感器件等。广纳四维获中科创星数千万元 Pre-A 轮融资，专攻衍射光波导技术全链化。

4. 温州锌芯钛晶科技有限公司

温州锌芯钛晶科技有限公司（简称锌芯钛晶）成立于 2021 年，是一家专业从事钙钛矿高效发光材料及其先进微显示应用产品研发、生产的高科技企业。锌芯钛晶的主要产品为全固态钙钛矿量子点、钙钛矿量子点母粒、钙钛矿量子点扩散板、钙钛矿胶体量子点、像素化光转换膜等。锌芯钛晶公司面向钙钛矿显示应用实现战略布局，并已突破钙钛矿材料实用化的系列技术壁垒，拥有钙钛矿材料及发光器件相关专利 20 多项。锌芯钛晶公司已与大晶创投、真石资本签署投资协议，完成 3600 万元 A 轮融资。

5. 北京耐德佳显示技术有限公司

北京耐德佳显示技术有限公司（简称耐德佳）成立于 2015 年，是一家由北京理工大学、美国亚利桑那大学、中国科学院博士团队及资深光学工艺师团队创立的高新技术公司。公司主要从事 AR 及 VR 智能眼镜光学模组的设计、研发、生产及技术支持。耐德佳在北京设立研发中心，在镇江设立制造中心，在上饶协助江西省光学检验中心向全球光电行业提供高精密光学元件检测及认证服务。公司研发团队拥有十余年 AR/VR 设备设计研发及生产基础，申请有百余项专利，含多项美国专利，参与两项头戴显示国家标准的制定，掌握关键核心技术，产品性能指标已达到或超过美国、日本等高科技公司相关产品，跻身国际一流 AR 光学模组供应商领域，已与多家世界知名企业建立合作关系。

经过长期技术开发和客户需求积累，耐德佳在 AR/VR 领域及核心光学技术上不断进行深耕和探索，目前拥有自由曲面（几何光学）、微纳光学（衍射光学）两大核心光学技术底层平台，陆续拓展了 AR/VR 显示和视光学等重量级应用开发平台。公司累计获得联想创投、泰豪集团、爱建资本（均瑶集团）、歌尔股份、中关村协同创新基金、真成投资、文华海汇、国鼎资本、力鼎光电等超亿元投资，立志成为 AR/VR 头戴显示光学模组解决方案领军供应商。

第5章 光显示关键性技术创新态势研究

5.1 电子纸显示技术创新态势

5.1.1 技术演化历程

电子纸是一种显示器技术，具有超低功耗、阳光可视、可弯折功能、高分辨率和超宽视角等特点。电子纸显示技术专利发展态势如图 5.1 所示。

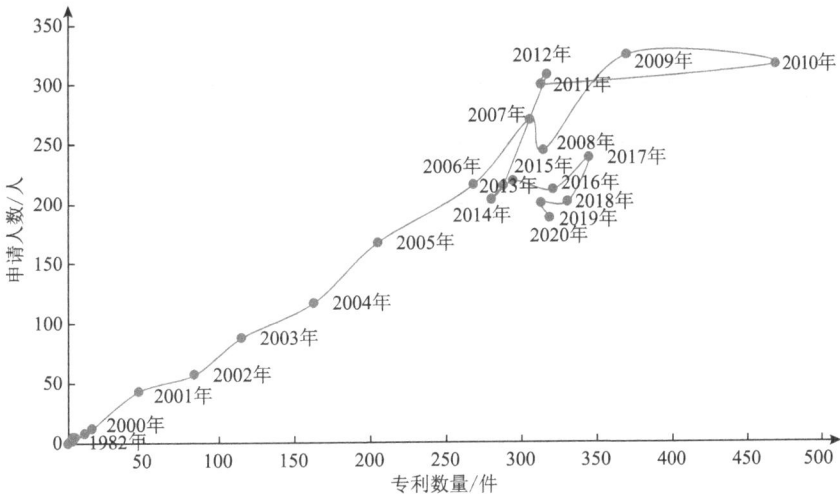

图 5.1 电子纸显示技术专利发展态势

全球电子纸显示相关专利技术的生命周期（孙少雪等，2019）可以分为以下几个阶段。

（1）1982～2000 年，专利申请人数和专利申请数量增长都非常缓慢，专利年度申请量均在 20 件以下，年度申请人数也未超过 12 人，专利技术发展缓慢，属于电子纸显示技术的导入期。1999 年左右，IBM 公司在美国最大的报纸展览会中展出了一个"电子报纸"模型，吸引了来自全世界报纸出版行业的关注。《纽约时报》和《华盛顿邮报》高度评价"电子报纸"，宣称这种电子阅读具有革命性的意义，《商业周刊》也把一年一度的美国杰出工业设计奖颁给了"电子报纸"，表彰其在印刷成本节约以及新闻时效性上所带来的跨时代价值。2000 年 11 月，美国元太科技和朗讯科技公司（Lucent Technologies）正式宣布已开发成功第一张可卷曲的电子纸和电子墨。

（2）2001～2009 年，专利申请人数和专利申请数量均迅速增长，2009 年专利申请量达 370 件，专利申请人数达到 324 人，说明电子纸显示技术进入成长期。2001 年 5 月，元太科技与日本凸版印刷（Toppan Printing）合作，宣布利用日本凸版印刷的滤镜技术，生产彩色电子纸。2001 年 6 月，元太科技再宣布推出 Ink-h-Motion 技术，在电子纸上可显示活动影像。在 2002 年 3 月召开的东京国际书展上，出现了第一张彩色电子纸。2004 年，电子纸商业化之路终于迎来了历史性的突破，由元太科技和飞利浦提供技术支持、由索尼生产的世界上第一本实际商用的电子纸 LIBRIe 问世。2005 年，精工发布了第一款名为 Spectrum SVRD001 的电子墨水手表。2007 年，亚马逊发布了第一代电子阅读器 Kindle。

（3）2010～2020 年，电子纸显示技术专利申请量呈现先下降后上升的形态，专利申请人数明显减少，说明该技术正逐步迈入成熟期。2009 年，元太科技并购专事电子墨水技术及电子纸研发与量产的美国元太科技公司，2012 年收购了美国电子纸模组生产商矽峰公司。电子纸显示主要包括电泳、微杯、胆固醇液晶、电润湿等技术。电泳和微杯技术相对而言较为成熟，市场化程度高。胆固醇液晶电子纸技术是实现彩色电子纸的主要途径之一。电润湿技术因为技术难度较大，难以产业化，目前仍没有太大产业化进展（郭媛媛等，2022）。

5.1.2 技术前沿与热点

从 2011～2021 年全球电子纸显示技术专利研究热点分布来看："显示装置""墨水屏""驱动""终端""基板""电泳""记录""阵列""电子标签""介质""彩色""触控""柔性"等是高频主题词。结合对专利内容的深入解读，2011～2021 年电子纸显示技术专利研究热点如图 5.2 所示。

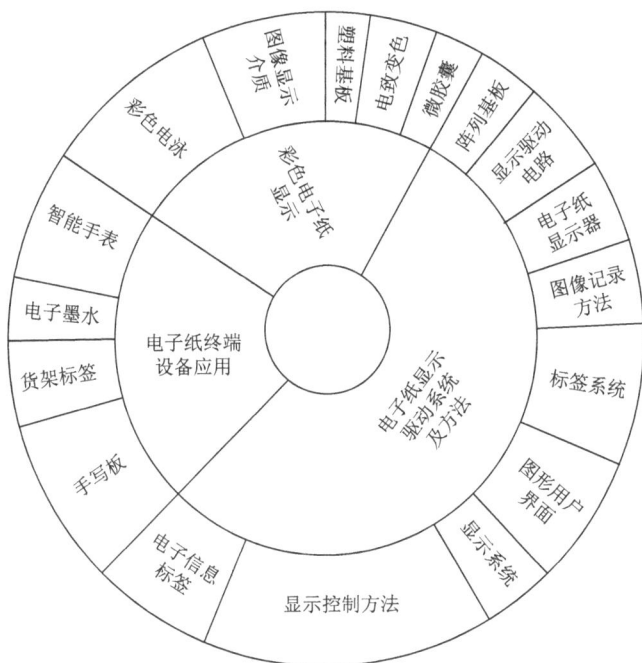

图 5.2　2011～2021 年电子纸显示技术专利研究热点

1. 电子纸显示驱动系统及方法

相关专利主要围绕"电子纸驱动控制电路""电子纸驱动波形调试方法""电子纸驱动结构""显色粒子驱动电压测试"等技术领域进行申请。2022 年 3 月，元太科技推出新一代 E Ink Gallery Plus 全彩电子纸模组，运用了全新的彩色电子纸驱动波形架构。

2. 电子纸终端设备应用

目前市场上已经有了不少电子纸终端应用，如阅读器、货架标签、数字标牌、智慧办公等领域。在新零售的推动之下，电子价签的需求明显增加。元太科技暨川奇光电董事长李政昊表示，若以全球 3000 万个 10 英寸电子广告牌计算，将其持续使用 5 年时间，LCD 广告牌电力消耗的是电子纸广告牌电力消耗的二氧化碳排放量的约 12 000 倍。数位转型驱动零售业者加速采用低碳、动态显示、类纸质感的电子纸货架标签，不仅有助于降低环境资源的消耗，亦有助于大幅减少二氧化碳排放。

3. 彩色电子纸显示

2022 年 4 月，E Ink Gallery Plus 全反射式彩色电子纸显示屏采用最新的 ACeP 技术，通过青色、洋红、黄色、白色等四种彩色电子墨水粒子，实现了包含八种原色的全色域显示效果。元太科技将与京东方、DKE 东方科脉、江西兴泰科技、群创光电、清越科技、亚世光电合作推广 E Ink Gallery Palette 及 E Ink Gallery Plus 彩色电子纸应用（枫林，2021）。

5.1.3 技术专利分布

如图 5.3 所示，1982～2021 年，中国公开的电子纸显示技术专利最多，日本其次，美国第三，韩国第四。2018 年，中国成为全球电子纸显示器最大的生产和出口地区，占全球总产量的 45.9%。2019 年，元太科技正式发布先进彩色电子纸技术，挣脱了以往黑白电子纸显示的限制，是电子纸技术的一大进步。随着彩色电子纸技术的不断强化以及电子纸显示的普及，电子阅读器将进行新一轮的升级，行业又将面临一次需求激增。日本涉足电子纸技术研发较早，早在 20 世纪 70 年代，日本松下公司就研发出了电泳显示技术。20 世纪末，美国元太科技公司利用电泳技术发明了电泳油墨（电子墨水），极大地促进了该技术的发展，市场约有 90% 的电子书采用美国元太科技的技术。2020 年美国元太科技与英国塑胶逻辑携手合作研发了全球首款柔性全彩电子纸技术。

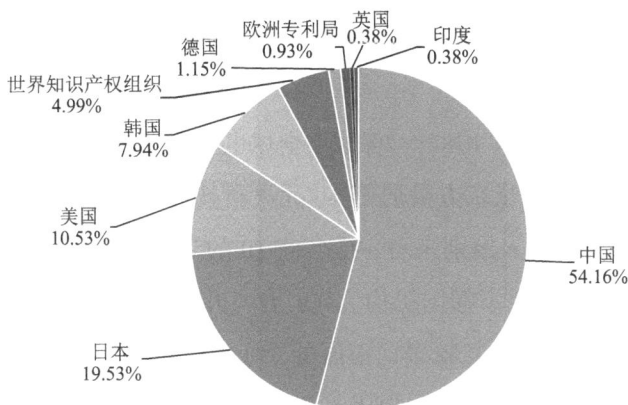

图 5.3　1982～2021 年全球电子纸显示技术专利分布

如图 5.4 所示，1982～2021 年全球电子纸显示技术专利主要布局在 G02F（用于控制光的强度、颜色、相位、偏振或方向的器件或装置）、G09G（对用静态方法显示可变信息的指示装置进行控制的装置或电路）、G06F（电数字数据处理）等领域。此外，中国、日本还在 G09F（显示；广告；标记；标签或铭牌；印鉴）领域进行了较多的专利布局。

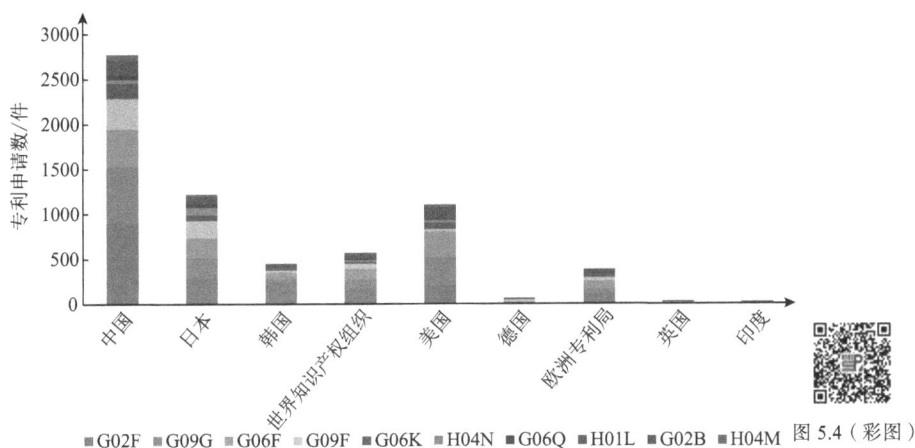

图 5.4　1982～2021 年全球电子纸显示技术专利布局

G02F——用于控制光的强度、颜色、相位、偏振或方向的器件或装置；G09G——对用静态方法显示可变信息的指示装置进行控制的装置或电路；G06F——电数字数据处理；G09F——显示；广告；标记；标签或铭牌；印鉴；G06K——图形数据读取；数据表达；记录载体；处理记录载体；H04N——图像通信，如电视；G06Q——专门适用于行政、商业、金融、管理或监督目的的信息和通信技术；其他类目不包含的专门适用于行政、商业、金融、管理或监督目的的系统或方法；H01L——半导体器件；其他类目中不包括的电固体器件；G02B——光学元件、系统或仪器；H04M——电话通信

5.1.4 主要技术创新主体与合作网络

如图 5.5 所示，从 1982～2021 年全球电子纸显示技术排名前 10 的专利申请人来看，中国京东方稳居第 1、元太科技位列第 2、日本富士胶片位列第 3。从主要申请人国别来看，排名前 10 的专利申请人中有 4 家中国机构、3 家日本机构、2 家韩国机构、1 家美国机构。可见日韩企业在全球电子纸显示领域的专利研发较多，中国的京东方、电子科技大学中山学院、上海中航光电子有限公司、上海天马微电子有限公司等机构在该领域投入了大量研发。

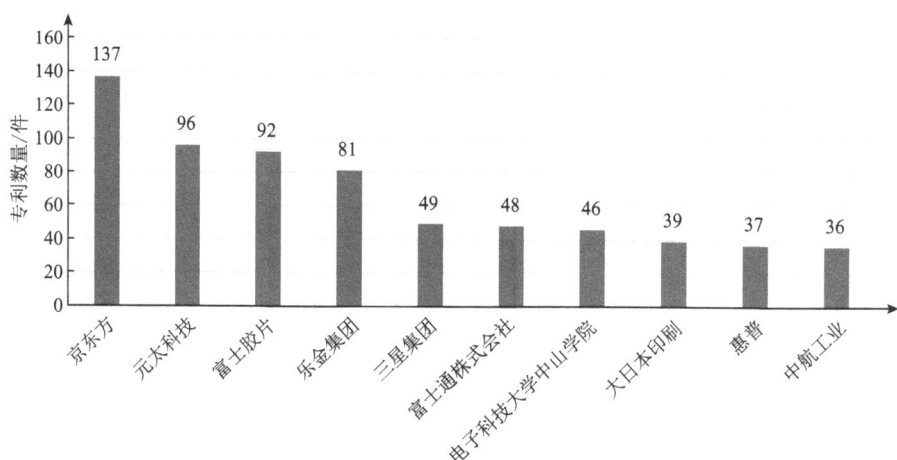

图 5.5　1982～2021 年全球电子纸显示技术排名前 10 的专利申请人

从 IncoPat 科技创新情报平台专利数据库下载 1982～2021 年全球电子纸显示技术专利的题录信息，对专利申请人字段做共现分析，并利用 VOSviewer 软件进行合作网络分析，得到以下结论。美国申请人爱德华·K. Y. 容（Edward K Y Jung）、罗伊斯·A. 莱维恩（Royce A Levien）、马克·A. 马拉穆德（Mark A Malamud）、亚历山大·J. 科恩（Alexander J Cohen）、罗伯特·W. 洛德（Robert W Lord）、小约翰·D. 里纳尔多（John D Rinaldo JR）之间合作较为紧密，他们在"电子纸外部控制系统及方法"

"电子纸显示控制""电子纸的可写性"等领域进行了较多合作。日本申请人富士通公司与吉原利明（YOSHIHARA Toshiaki）、野濑昌树（NOSE Masaki）合作密切，在"显示元件""LCD装置"等领域进行合作研发。中国申请人的地域合作特征明显，苏州苏大维格科技集团股份有限公司、苏州大学、苏州工业园区中为柔性光电子智能制造研究院有限公司主要在"电致变色显示面板及电子纸"方面进行合作研发；京东方科技集团股份有限公司与北京京东方显示技术有限公司、成都京东方光电科技有限公司、重庆京东方智慧电子系统有限公司等子公司在"电子纸驱动电路""电子纸显示装置""电子纸阵列基板"等多领域进行了合作研发；深圳市国华光电科技有限公司及其研究院与华南师范大学在"电泳电子纸"领域进行了较多研发合作。

5.2 柔性 OLED 技术创新态势

5.2.1 技术演化历程

柔性 OLED 作为柔性屏幕相较于传统屏幕优势明显，不仅在体积上更加轻薄，功耗上也低于原有器件，有助于提升设备的续航能力，同时基于其可弯曲、柔韧性佳的特性，其耐用程度也大大高于以往屏幕，降低了设备意外损伤的概率（袁红梅，2017）。全球柔性 OLED 技术专利发展态势，如图 5.6 所示。

（1）1978～2001 年，专利申请人数和专利申请数量增长都非常缓慢，专利年度申请量均在 10 件以下，年度申请人数也未超过 10 人，专利技术发展缓慢，属于柔性 OLED 显示技术的导入期。1987 年，柯达公司推出了一款 OLED 双层器件，使得 OLED 技术成为人们重视的一种新型显示技术。

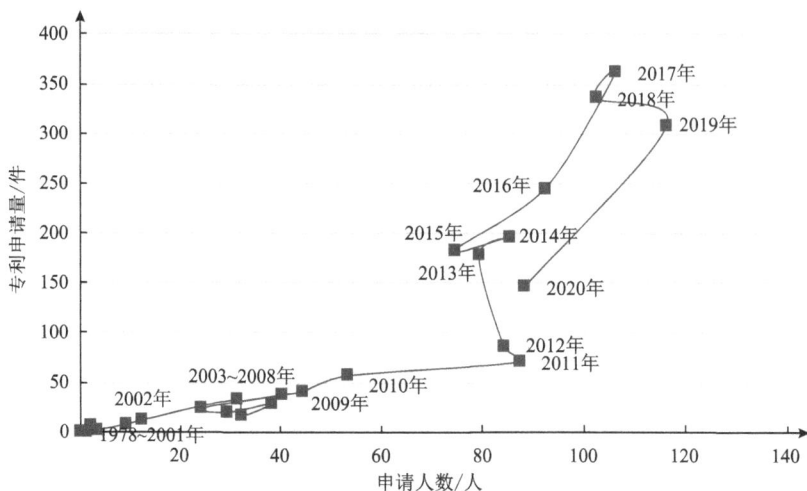

图 5.6　全球柔性 OLED 技术专利发展态势

（2）2002～2010 年，全球柔性 OLED 相关专利申请人数和专利申请数量均处于缓慢上升期，在这一阶段，国外主要研究机构表现出对柔性 OLED 显示屏技术研发的兴趣，国内柔性 OLED 显示技术专利申请主要由外国申请人提出。

（3）2011 年之后，全球柔性 OLED 技术专利迎来高速发展期。伴随着柔性材料的不断发展、三星电子和乐金显示在柔性 OLED 显示屏领域产业化所获得的成功，以及研发投入力度的加大，2017 年全球柔性 OLED 技术专利申请数量达到顶峰。尤其在 2013～2017 年该领域的研发热情一路高涨。2013 年，韩国两大液晶面板厂商乐金显示、三星电子分别宣布量产首款柔性 OLED 面板、发布世界上第一款曲屏手机；2014 年，柔宇科技发布了全球最薄的彩色柔性显示器，厚度仅为 0.01 毫米，卷曲半径可达 1 毫米，在当时属于颠覆性的技术水准；2014 年，日本创新高科技半导体能源实验室展示了 5.9 英寸柔性可折叠 OLED 显示屏。近两年，采用了柔性 OLED 屏幕的智能手机和电视给消费者带来了全新的用户体验。在屏下传感器、精密元器件、软件开发、柔性电子材料等多个领域，柔性 OLED 显示技术也是大放异彩。在显示技术的不断提升与市场需求的强劲拉动之下，国际 OLED 产业迎来了高速发展时期。

5.2.2   技术前沿与热点

从全球柔性 OLED 技术专利技术的热点分布来看："OLED""柔性电路板""彩色滤光片""AMOLED""柔性制造""阻挡层材料""拼接屏""定位治具""涂层""柔性基底""弯曲边缘""有源矩阵"等是高频主题词。结合对专利内容的深入解读,2011～2021 年全球柔性 OLED 技术专利研究热点如图 5.7 所示。

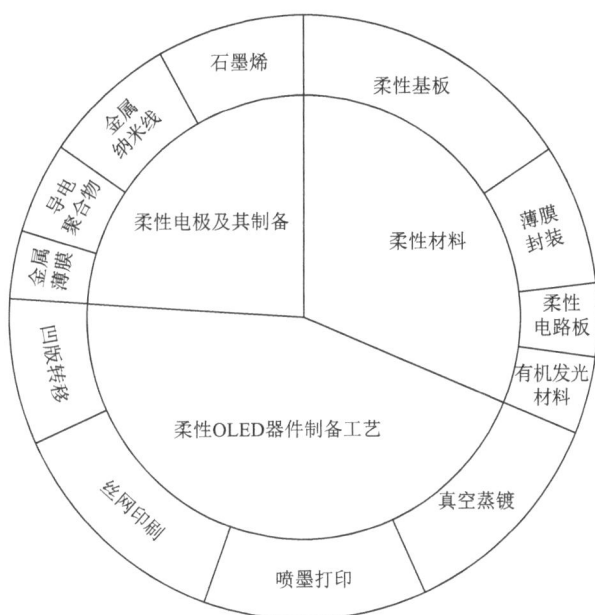

图 5.7   2011～2021 年全球柔性 OLED 技术专利研究热点

1. 柔性材料

当前柔性材料的研究热点包括柔性基板材料、薄膜封装材料、柔性电路板、有机发光材料等。聚酰亚胺基板材料以其优良的耐高温特性、力学性能及耐化学稳定性成为当前最佳的柔性基板材料。薄膜封装主要以塑料为基材,将无机氧化物沉积在衬底上形成水汽阻隔膜。目前全球主要薄膜封装材料的供应商为韩国的三星 SDI、乐金化学,美国的 3M,日本的三井化学等企业,国内企业以康得新复合材料集团、万顺新材和乐凯华光为主。柔性电路板生产以日本、韩国和中国企业为主。全球 OLED 有机材料布局基本被国外厂商垄断,OLED 荧光材料专利主要由日本出光兴产、德国默克、韩国乐金显示、美国陶氏化学等海外公司拥有,小分子磷光 OLED 染料专利由美国环球显示器公司拥有,超敏荧光材料技术德国和日本较为领先。

2. 柔性电极及其制备

柔性 OLED 电极包括金属薄膜、导电聚合物、电介质/金属/电介质多层结构、金属纳米线、石墨烯、碳纳米管以及由上述电极组成的复合电极。一些机构专注于柔性 OLED 电极的研发,例如,广东阿格蕾雅光电材料有限公司、北京阿格蕾雅科技发展有限公司在碳纳米管-高分子层状复合透明柔性电极方面申请了专利;南京邮电大学在复合柔性 ITO、薄膜电极方面申请了专利;韩国国立金乌工科大学在柔性 ITO 方面申请了专利。

3. 柔性 OLED 器件制备工艺

柔性 OLED 器件制备工艺包括真空蒸镀、喷墨打印、丝网印刷、凹版转移、缝式模具涂布等。例如,武汉华星光电采用喷墨打印或涂布方式制备柔性显示面板;韩国国立金乌工科大学申请了采用凹版印刷技术制备柔性 OLED 器件的专利;韩国的 Oledon 公司、中国的华南理工大学申请了丝网印刷相关制备工艺专利。

5.2.3　技术专利分布

1978～2021 年全球柔性 OLED 技术专利分布情况,如图 5.8 所示。

中国公开的相关专利最多，美国其次，韩国第三。OLED 技术最早诞生
于欧美，但大规模产业化主要集中在东亚，如韩国、日本、中国等。中
国专利申请数量排名第一，这与中国申请人数庞大、手机等电子产品在
中国的普及度较高，以及众多中国手机厂商、相关企业的大力研发有
直接关系，近年来，中国的京东方、维信诺、柔宇科技、深天马、TCL
华星光电、和辉光电、群显光电等机构大力布局柔性 OLED 面板产业。
美国的专利申请总量虽位居第二，但多为外国机构（如韩国的乐金显
示和三星电子、中国的武汉华星光电、日本的堺显示器产品等）在美
国申请的专利，美国本土柔性 OLED 技术相对成熟的公司只有苹果等
少数公司。

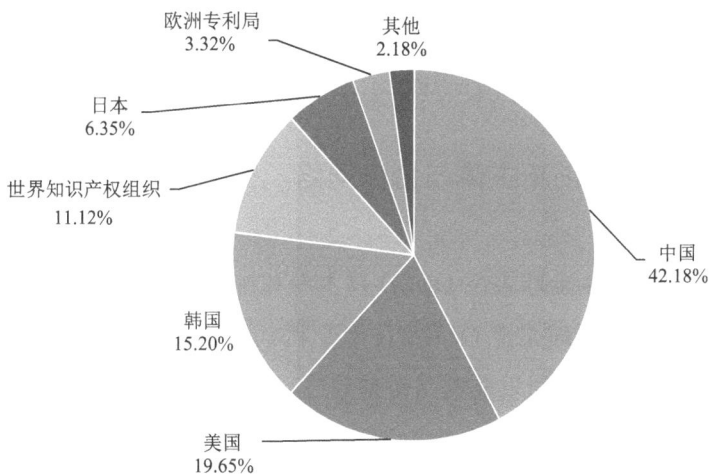

图 5.8　1978～2021 年全球柔性 OLED 技术专利分布

　　1978～2021 年全球柔性 OLED 技术专利布局，如图 5.9 所示。从全
球柔性 OLED 技术专利的分布来看，主要分布于 H01L（半导体器件；
其他类目中不包括的电固体器件）、G09F（显示；广告；标记；标签或
铭牌；印鉴）等领域。此外，日本、韩国还重点在 H05B（电热、电照
明）领域布局。

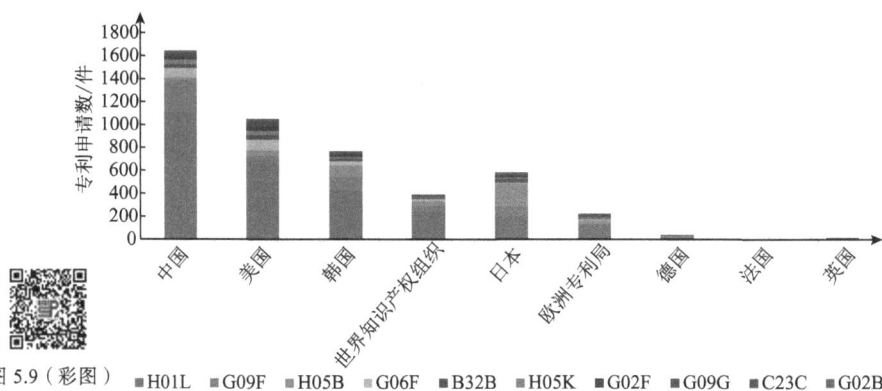

图 5.9（彩图）　■H01L　■G09F　■H05B　■G06F　■B32B　■H05K　■G02F　■G09G　■C23C　■G02B

图 5.9　1978～2021 年全球柔性 OLED 技术专利布局

H01L——半导体器件；其他类目中不包括的电固体器件；G09F——显示；广告；标记；标签或铭牌；印鉴；H05B——电热、电照明；G06F——电数字数据处理；B32B——层状产品，即由扁平的或非扁平的薄层，例如泡沫状的、蜂窝状的薄层构成的产品；H05K——印刷电路；电设备的外壳或结构零部件；电气元件组件的制造；G02F——用于控制光的强度、颜色、相位、偏振或方向的器件或装置；G09G——对用静态方法显示可变信息的指示装置进行控制的装置或电路；C23C——对金属材料的镀覆；用金属材料对材料的镀覆；表面扩散法，化学转化或置换法的金属材料表面处理；真空蒸发法、溅射法、离子注入法或化学气相沉积法的一般镀覆；G02B——光学元件、系统或仪器

5.2.4　主要技术创新主体与合作网络

1978～2021 年全球柔性 OLED 技术专利排名前 10 的专利申请人，如图 5.10 所示。从全球柔性 OLED 技术专利申请人排名来看，中国 TCL 华星光电位居第一，韩国乐金集团位列第二，中国京东方位列第三。从申请人国别来看，排名前 10 的专利申请人中有 8 家中国机构，2 家韩国机构。可见中国参与柔性 OLED 领域技术研发的机构较多。2022 年 4 月，TCL 华星光电发布自主研发的 2K LTPO 柔性屏，打破了韩国三星集团目前在中国国内高端 OLED 屏幕上的垄断。

从 IncoPat 科技创新情报平台专利数据库下载 1978～2021 年全球柔性 OLED 技术专利的题录信息，对专利申请人字段做共现分析，并利用 VOSviewer 软件进行合作网络分析，得到以下结论。从全球柔性 OLED 技术专利创新主体合作网络来看，集团母公司与子公司之间合作较多，如京东方科技集团股份有限公司与成都京东方光电科技有限公司、合肥京

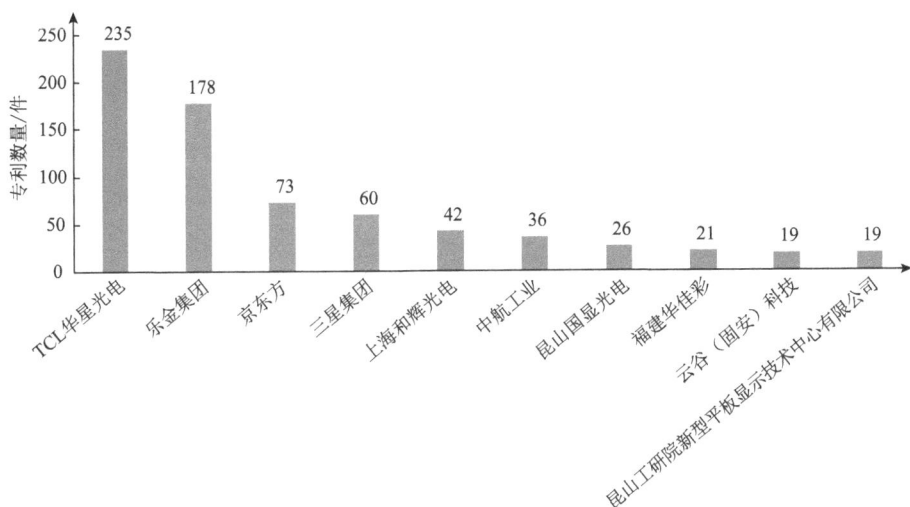

图 5.10　1978～2021 年全球柔性 OLED 技术专利排名前 10 的专利申请人

东方光电科技有限公司等子公司在"柔性基板制造""柔性 OLED 器件装置制备"等领域进行合作研发；海洋王照明科技股份有限公司与深圳市海洋王照明技术有限公司、深圳市海洋王照明工程有限公司在"柔性有机电致发光器件及装置"领域的技术合作研发。此外，昆山工研院新型平板显示技术中心有限公司与昆山国显光电有限公司在"柔性显示结构""柔性有机光电器件的封装结构"等领域进行了较多合作；昆山维信诺显示技术有限公司、北京维信诺科技有限公司与清华大学在"柔性无源有机电致发光器件"技术方面进行了合作研发。

5.3　LD 技术创新态势

5.3.1　技术演化历程

LD 是以红、绿、蓝三基色（或多基色）激光为光源的新型显示技术和产品，通过控制三基色激光强度比、总强度和强度空间分布即可实现彩色图像显示（高伟男等，2020）。

LD 技术按照"激光电视"和"激光投影"两个技术主题进行扩展，结合 IPC 号进行筛选，得到 LD 技术共 4595 个专利族，分析得出 LD 技术专利发展态势，如图 5.11 所示。

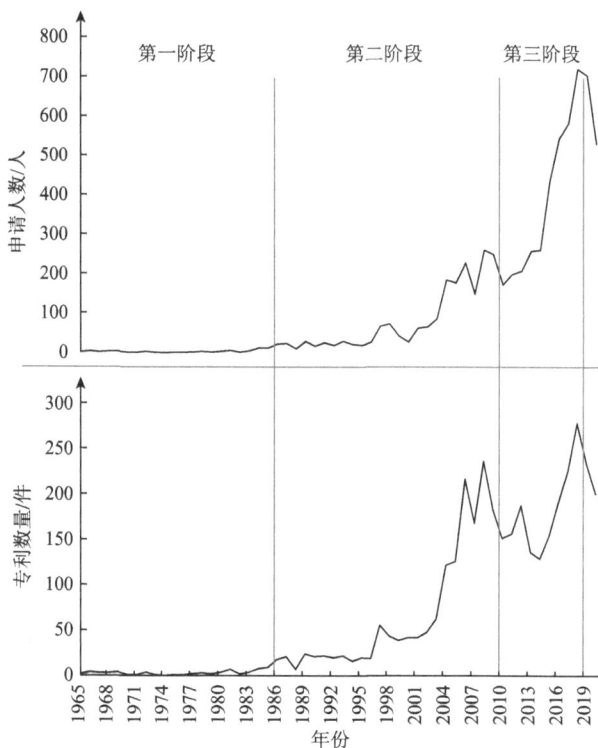

图 5.11　LD 技术专利发展态势

从演化历程来看，LD 技术的发展可以分为以下四个阶段。

第一阶段（1965～1985 年）为 LD 的技术萌芽期。该阶段 LD 专利申请数量及专利申请人数均较少，基本保持在个位数。1960 年，世界上第一台激光器问世，LD 技术也从概念化阶段进入到实验室研发阶段。1965 年，美国德州仪器公司成功研制了单色 LD 器，并于同年提出了全球第一件 LD 技术的专利申请（专利申请号：US3549800D）。我国 LD 技术的发展与国际基本同步。1966 年，我国第一台激光器——小球照明红宝石激光器在中国科学院长春光学精密机械与物理研究所诞生，随后我国的科技工作者一直致力于探索将激光与显示技术相结合。1977年，许祖彦带领团队研发出了LD原理样机，并使用样机播放了皮影戏。虽然不是连续的动态画面，却是我国最早的LD研究的成果。

第二阶段（1986～2010年）为LD技术的缓慢发展期。该阶段LD专利申请数量及专利申请人数缓慢增长，到2010年LD新增专利申请152件，新增专利申请人172人。这一阶段LD技术的快速发展得益于激光器的更新迭代。进入20世纪90年代，全固态激光器的发展推动LD技术进入到了新的研发阶段，激光器在小型化方面也取得了突破。美国乐法洛（Novalux）公司以高功率垂直腔面发射扩展腔激光器为基础，通过周期极化的非线性光学晶体材料获得高功率、小体积红绿蓝三基色激光器，在半导体激光技术和非线性光学技术相结合发展LD技术方面进行了一次可喜的尝试。在消相干技术方面，乐法洛同样取得了不错的进展。通过直接开关光源和数字光处理元件，向屏幕投影，使各种颜色的激光分别通过光纤，传播到光学引擎上，利用光纤内的多重反射，打乱了光的波阵面，从而减轻了激光器特有的光干涉导致的图像斑点。

第三阶段（2011～2018年）为LD技术的快速成长期。该阶段LD专利申请数量及专利申请人数都有较大幅度的增长，专利申请数量年复合增长率接近9%，专利申请人数年复合增长率超过20%。随着专业级的高端显示产品的研究进一步推动LD进入产业示范阶段，LD相关企业开始孕育成熟的技术产业链，为后期规模化生产做准备。三菱电气、三星电子、德州仪器、欧司朗、耶拿光学等都将LD产业化作为目标竞相开展研发。LD的各个产品化方向，不论是大屏幕还是手机式投影仪都得到了全面发展。

第四阶段（2019年至今）为LD技术的成熟期。该阶段LD专利申请数量和专利申请人数都出现了小幅度的负增长。LD产业从品牌矩阵、技术成熟度、产业链实力、市场认知度等方面都已经进入成熟期，市场增量也由此前主要靠技术驱动，转变为技术、产业链供给、市场需求和资本的多轮驱动。

5.3.2 技术前沿与热点

相比于早期技术，当前的 LD 技术已经实现了质的飞跃。在激光器方面，日本日亚、三菱集团等公司已投入约 32 亿美元研发三基色半导体激光器，其中磷化铟（InP）红光 LD 单管功率可达 750 兆瓦，氮化镓（GaN）蓝、绿光 LD 分别实现超过 5 瓦和 1 瓦的单管输出功率，寿命超过 2×10^4 小时，技术经济指标均处于国际领先地位。国内由瑞波光电研发的红光 LD 性能指标已经达到规模化量产水平，638 纳米波段红光输出功率达 1 瓦；蓝、绿光 LD 与国际水平相比在功率、寿命等性能指标方面仍有差距，中国科学院实现蓝光单管最大输出功率 2.8 瓦，绿光 LD 最大输出功率达到 500 兆瓦，接近了实用化水平。在超高清视频图像技术方面，美国德州仪器、日本索尼集团基本垄断 2K/4K 分辨率的反射式数字微镜、LCOS LD 超高清图像处理芯片。在配套关键材料与器件方面，日本理光集团、大日本印刷株式会社等企业在超高清镜头以及超大尺寸菲涅尔光学膜片等技术领域处于世界领先。在整机关键技术方面，日本由政府组织企业和研究机构共同大力研发 LD 技术，索尼集团、松下、三菱集团、精工爱普生等公司支持，制定了"xvYCC"大色域显示标准，并在全球范围进行产业链整合，维护日本下一代显示技术的竞争优势。不同类型的 LD 关键技术及其代表性企业和技术参数情况如表 5.1 所示。

表 5.1　LD 关键技术前沿进展

类型	关键技术	代表性企业		技术参数/简介
三基色激光光源 LD	InP 红光 LD	国外	日本三菱	单管功率可达 750 兆瓦，寿命超过 2 万小时
		国内	中国科学院半导体研究所、瑞波光电	中国科学院半导体研究所：红光 LD 单管功率可达 2 瓦，寿命超过 1 万小时 瑞波光电：650 纳米红光 LD 实现规模化生产，638 纳米波段红光输出功率达 1 瓦
	GaN 蓝光 LD	国外	日本日亚	单管功率超过 5 瓦，寿命超过 2 万小时

续表

类型	关键技术		代表性企业	技术参数/简介
三基色激光光源 LD	GaN 蓝光 LD	国内	三安光电、中国科学院苏州纳米技术与纳米仿生研究所	三安光电：实现 3.5 瓦蓝光 LD 量产 中国科学院苏州纳米技术与纳米仿生研究所：单管最大输出功率为 2.8 瓦（实验室），寿命已超过 5000 小时
	GaN 绿光 LD	国外	日本日亚	单管功率超过 1 瓦，寿命超过 2 万小时
		国内	中国科学院苏州纳米技术与纳米仿生研究所	最大输出功率达到 500 兆瓦，接近了实用化水平
总体设计与集成	精密化/一体化整机设计	国外	日本索尼和三菱电机、比利时巴可	索尼：集成一套单元 6 平方米，总面积 500 平方米的激光影院 三菱：研制成功激光背投电视，色域覆盖率为 135%NTSC，对比度 4000∶1 巴可：推出 4K 分辨率 60 000 流明的激光投影机，及 4K 分辨率、98.5% REC.2020 色域的激光电影放映机
	AR	国内	光峰光电、视美乐	光峰光电：研发先进的激光荧光粉显示技术，国内率先推出 100 寸激光客厅影院 视美乐：研发第二代激光荧光光源技术——超级激光荧光光源，推出了 100 寸激光电视
超高清视频图像技术	超高分辨率显示芯片	国外	日本胜利（JVC）、日本索尼、维视图像（Microvision）	胜利：采用 D-ILA 技术生产的 LCOS 芯片，D-ILA 技术主要采用无机配向膜排列，3000 流明，4K 分辨率 索尼：采用单晶 X 射线衍射技术生产的 LCOS 芯片，单晶 X 射线衍射技术主要采用液晶层垂直排布方式实现，2500 流明，4K 分辨率 维视图像：基于 PicoP® 扫描技术开发了交互式显示引擎，型号为 PSE-0403sti
		国内	南开大学、中芯国际、南阳光学	南开大学、中芯国际可生产 LCOS 芯片 南阳光学集团可生产 LCOS、DLP 光学引擎
	超高清视频获取/存储/处理/传输	国外	美国德州仪器	DM6467 是全球首款采用达芬奇技术的单芯片实时高清视频转码解决方案
		国内	上海海思	8K AVS3 视频编解码技术，适应多种位率、分辨率和质量要求的高效视频压缩方法的解码过程
配套关键材料与器件	超短焦、超高清光学镜头	国外	日本理光	推出"内置分离反射式超短焦光学"全新专利技术，垄断了整个超短焦市场
		国内	深圳昇旸光学	完成超短焦镜头模组的整套专利技术的验证，并通过了光峰科技的专利评测

续表

类型	关键技术	代表性企业		技术参数/简介
配套关键材料与器件	高增益、大尺寸光学屏幕	国外	大日本印刷株式会社	菲涅尔膜片硬屏，20～30 度视角，抗 90% 环境光
		国内	菲斯特科技、光峰科技	菲斯特科技：在高性能菲涅尔光学屏幕方面，持有多项核心设计/制造专利，实现了超大尺寸光学屏幕的生产
				光峰科技：推出了全球首款百寸柔性菲涅尔屏，实现了 0.5 毫米的基层厚度，运用了 ALFA 屏幕技术、纳米涂层和 8 层光学精密结构三大核心科技
	散斑抑制与评价技术	国外	韩国三星电子、日本索尼	国外推出多手段消散斑技术和评价方法，进入实用化进程
		国内	青岛海信激光显示	布局核心专利共有 19 件专利族，共有 4 个系列，超过 11 款激光投影电视机型应用了上述核心专利方案

从相关专利的技术构成来看，各大创新主体对 LD 技术的研究热点主要布局在平视显示、激光电视、显示系统、投影设备及图像处理五个方向。其中，平视显示的研究重点主要包括显示装置、光子 IC 等；激光电视的研究重点主要包括光源系统、电视产品、投影系统及散热系统等；显示系统的研究重点主要包括散斑抑制、视频信号传输、光发射机和光学镜头等；投影设备的研究重点主要包括投影机、荧光轮和投影幕布等；图像处理的研究重点主要包括图像校正方法和图像用户界面等。结合对专利内容的深入解读，2011～2021 年 LD 技术专利研究热点如图 5.12 所示。

5.3.3　技术专利分布

如图 5.13 所示，中国是 1965～2021 年全球 LD 技术专利布局最多的国家，相关专利的公开量高达 3029 件，占全球专利公开总量的 53.84%，超过全球 LD 专利总数的一半；美国 LD 技术相关专利的公开量为 736 件，占全球专利公开总量的 13.08%，位居第二；日本 LD 技术相关专利的公开量为 437 件，占全球专利公开总量的 7.77%，位居第三；世界知识产权组

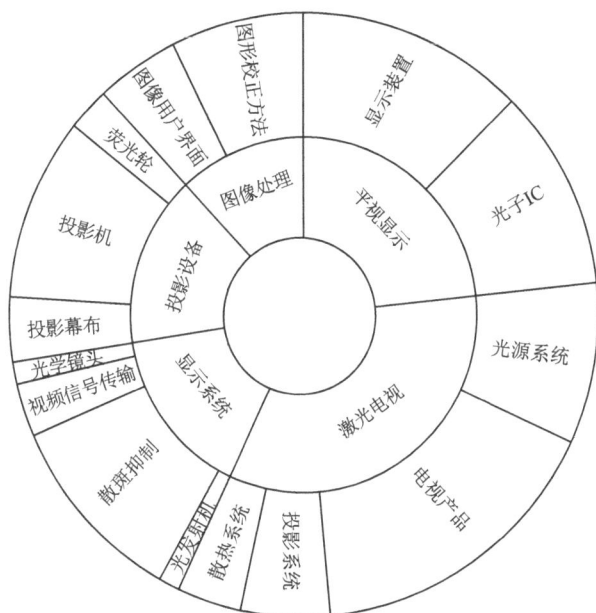

图 5.12 2011～2021 年 LD 技术专利研究热点

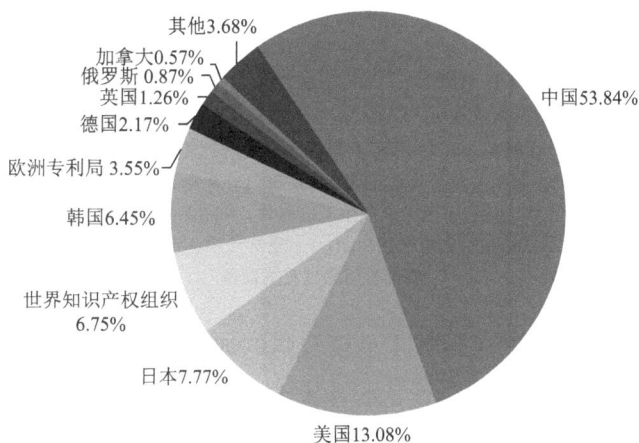

图 5.13 1965～2021 年全球 LD 技术专利分布

织和韩国在 LD 专利公开数量上相差不大，公开的专利数量分别为 380 件和 362 件，占比分别为 6.75%和 6.45%。

如图 5.14 所示，1965～2021 年，中国在 LD 领域的专利主要分布在 G03B（摄影、放映或观看用的装置或设备）、G02B（光学元件、系统或仪器）及 H04N（图像通信，如电视）；美国、日本和德国专利分布均以 G02B（光学元件、系统或仪器）为主；韩国分布于 G03B（摄影、放映或观看用的装置或设备）和 H04N（图像通信，如电视）的公开专利数量相当。

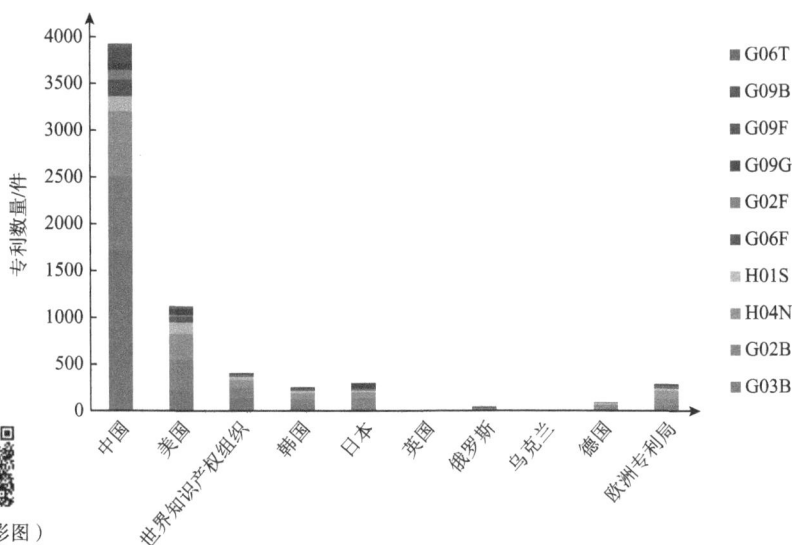

图 5.14（彩图）

图 5.14　1965～2021 年全球 LD 技术专利布局

G06T——一般的图像数据处理；G09B——教育或演示用具；G09F——显示；广告；标记；标签或铭牌；印鉴；G09G——对用静态方法显示可变信息的指示装置进行控制的装置或电路；G02F——用于控制光的强度、颜色、相位、偏振或方向的器件或装置；G06F——电数字数据处理；H01S——利用辐射（激光）的受激发射使用光放大过程来放大或产生光的器件；利用除光之外的波范围内的电磁辐射的受激发射器件；H04N——图像通信，如电视；G02B——光学元件、系统或仪器；G03B——摄影、放映或观看用的装置或设备

　　总体而言，LD 的关键技术呈现较强的地域分布特征。日本一直非常重视新型显示技术的发展，在 LD 技术方面的研究重点涵盖了光源系统、光学镜头、图像处理技术及产品（如电视或投影机）等多个方向。在光源系统方面，当前 LD 领域蓝、绿光激光芯片主要被日本日亚垄断，红光激光芯片主要被日本三菱垄断，两家公司掌握了全球 80% 的 LD 用激光器市场份额。在光学镜头方面，日本理光集团、大日本印刷株式会社等企业在超高清镜头以及超大尺寸菲涅尔光学膜片等技术领域处于世界领先，日本理光集团生产的激光超短焦投影镜头占据全球 90% 的市场份额。在图像处

理技术方面，日本索尼集团的 LCOS LD 超高清图像处理芯片亮度、分辨率及寿命等性能指标均达到国际领先水平。在产品方面，精工爱普生、索尼、日电、松下、夏普等多个品牌推出 LD 电视或投影机。

欧美地区在 LD 技术方面的研究重点集中在显示系统和平视显示技术方面。作为最早一批进入 LD 领域的企业，美国德州仪器一直是光处理芯片的龙头，对于其主导的 LD 主流显示方式——DLP 技术，德州仪器已经推出了不同类型、不同尺寸的产品，能满足不同场景的投影芯片，布局相当完善。近年来，基于激光光源的平视显示系统的研究再度兴起，美国 1965～2021 年申请的相关专利数量达到 247 件。

尽管中国的 LD 在专利布局数量及整机产品方面占有绝对的优势，但从产业链总体情况来看，仍存在上游器件供应商高度集中且依赖进口的特点。在已形成产业优势的 LD 产品领域，国产化率目前在 45%～55%。在面板上游的材料产业，包括偏光片、玻璃基板、靶材、光掩膜版、光刻胶等产品，近年来的国产化率均没有突破 20%。当前，我国 LD 核心器件和部件的国产化进程已经全面开展。在激光器领域，由瑞波光电研发的红光激光器性能指标已经达到规模化量产水平，厦门三安光电已进入蓝光激光器试量产阶段；在超短焦镜头领域，国产镜头厂商也取得了明显突破，联合光电、深圳昇旸光学等众多新竞争者加入超短焦镜头行业，其中联合光电和坚果、长虹、海信集团、光峰科技已开展产品合作。

5.3.4 主要技术创新主体与合作网络

如表 5.2 所示，在 1965～2021 年 LD 技术创新主体专利申请量前 20 位的申请人中，除了山东大学为高校型申请人、戈利尔·雅克（Gollier Jacques）为个人申请外，其余申请人均为企业型，可见企业在 LD 的专利领域具有较大的研发动力和产出实力。从申请人所属国来看，中国的申请人 14 家，韩国 2 家，加拿大、美国、日本、德国各 1 家。排名前 3 位的依次是海信集团、长虹以及加拿大北方公司，专利申请量依次为 578 件、212 件和 114

件，在前 20 位的申请人专利申请总数的占比约为 64.2%，龙头效应显著。

表 5.2 1965～2021 年 LD 技术创新主体专利申请量（排名前 20 位）

申请人	专利申请量/件	国家
海信集团有限公司	578	中国
四川长虹电器股份有限公司	212	中国
北方公司	114	加拿大
乐金电子公司	75	韩国
无锡视美乐激光显示科技有限公司	47	中国
歌尔科技有限公司	47	中国
三星电子公司	43	韩国
中国华录集团有限公司	39	中国
奥比中光科技集团股份有限公司	26	中国
中国科学院福建物质结构研究所	25	中国
北京一数科技有限公司	23	中国
杭州虹视科技有限公司	22	中国
戈利尔·雅克	21	美国
中视迪威激光显示技术有限公司	21	中国
索尼公司	20	日本
OPPO 广东移动通信有限公司	19	中国
罗伯特博世公司（Robert Bosch Gmbh）	19	德国
山东大学	19	中国
江苏明德之星激光显示科技有限公司	19	中国
深圳市中科创激光技术有限公司	19	中国

从主要技术创新主体的专利布局来看，海信集团主要研发激光光源家用智能投影及显示设备，专利布局主要围绕激光光源和投影图像校正方法展开。海信集团最新推出的 80 寸巨屏激光电视——80L9H，采用 100% 红绿蓝三基色激光光源架构，红、绿、蓝三色纯净激光光源，0 色轮，0 荧光粉；搭载了最新的数字激光引擎平台，实现了激光电视高色域、高色准的画质表现的同时，也做到了精细至 1 纳米的超窄激光光谱的控制，完全避开了 400～455 纳米的短波有害蓝光，坚持画质表现的同时，还兼顾了视觉

健康。80L9H 激光电视亮度为 375 坎德拉/米 ^{2}，静态最大亮度为 375 坎德拉/米 ^{2}，峰值亮度为 387 坎德拉/米 ^{2}，对比度表现为 3411：1，即便在明亮的环境中也能有不逊于液晶电视的亮度表现。

长虹主要聚焦于 LD 终端产品及其核心部件（包括光机、屏幕）的自主研发，专利布局主要围绕三色激光和激光电视展开。长虹研发的 T7U 激光电视 4K 超清 3D 家庭影院超短焦投影仪机，搭载 AI 高光效引擎技术，亮度提升至 4000 流明，0.21：1 超短焦投射比，18.8 厘米投 100 英寸，搭配百寸抗光屏，白天夜晚均清晰有质感。T7U 激光电视采用全局运动补偿，捕捉更多高速画面细节，全程防抖、防拖尾；采用 HDR10 高清解码，提供更多的动态范围和图像细节，明暗细节对比更清晰，还原影片原始画质。

LD 技术创新主体专利申请量第三名为加拿大北方公司，北方公司原名塔尔米克实验室（Thalmic Labs）公司，2018 年塔尔米克实验室公司发布名为 Focals 的全息智能眼镜时更名北方公司。北方公司前期专注于手势控制臂环制造，后期研发重点转移到激光全息显示上。从专利申请来看，北方公司对 LD 技术的专利布局主要集中在激光二极管、光子 IC 及平面显示器等方面。北方公司的核心产品 Focals 外观上与普通的眼镜相差无几，但镜腿比普通眼镜粗。Focals 的右侧镜腿上隐藏了一个微型激光投影仪，激光可通过右侧镜片内的一种光聚合物材料投射到眼镜的视网膜上，以进行信息展示。2020 年 7 月，北方公司被谷歌收购。

从 IncoPat 科技创新情报平台专利数据库下载 1965～2021 年全球 LD 技术专利的题录信息，对专利申请人字段做共现分析，并利用 VOSviewer 软件进行合作网络分析，得到以下结论。从技术创新主体的合作情况来看，LD 技术的联合创新存在于企业与企业之间、企业与个人之间、个人与个人之间。国外，LD 领域最大的合作网络来自美国讯宝科技（SYMBOL TECHNOLOGIES）公司内部的联合申请，合作对象均为个人申请人，包括米克洛什·施特恩（Miklos Stern）、戈尔曼·罗恩（Goldman Ron）、伍德·弗雷德里克（Wood Frederick）等，技术布局范围包括激光投影可视化显示 RFID 标签、激光投影与 LCD 器件接口以及投影仪器功率控制程序研究等方面。国内,上海激亮光电科技有限公司与中航工业共同申请多件专利,技术合作重点集中在蓝光光源全光纤传输激光投影机及振镜式荧光板激光投影机等方面;明基友达集团及其下属子公司苏州佳世达光电有限公司,在激光光源、合光模块及投影设备等方面共同布局了专利申请。

5.4 VR 技术创新态势

5.4.1 技术演化历程

VR 是 20 世纪发展起来的一项全新的实用技术,VR 技术囊括计算机、电子信息、仿真技术,其基本实现方式是计算机模拟虚拟环境从而给人以环境沉浸感。随着社会生产力和科学技术的不断发展,各行各业对 VR 技术的需求日益旺盛。VR 技术也取得了巨大进步,并逐步成为一个新的科学技术领域(黄冠和曾靖盛,2022)。

市场上的 VR 硬件设备主要有三种类型:基于 PC 的沉浸头戴式设备、基于手机支持的手机 VR 和整合 AR 技术的 CR 新领域,具体如表 5.3 所示。

表 5.3 VR 技术细分领域简介

分类	特点	代表性设备
基于 PC 的沉浸头戴式设备	优点在于沉浸体验很好,但由于是有线设备,其有限的移动范围是一个障碍,因此特别适合于双脚不需移动的应用。设备本身价格比较昂贵,大多应用于商业领域,现在该设备上的应用大多都是短时间体验,因此非常适合展览或是商业活动展示	Oculus Rift
手机 VR	该类设备只需将纸板折成可容纳手机的盒子就能体验,虽然体验没有基于 PC 的沉浸头戴式设备好,但由于成本低廉,易于携带,开发应用的流程也是手游开发者所熟悉的,因此大量的开发者投入开发行列,带动了整个 VR 市场的发展	Google Cardboard、Gear VR、暴风魔镜
CR	整合 AR 技术的新形态体验,以谷歌所推出的 Google Glass 为代表,带动了 Microsoft Hololens、Magic Leap 等新形态眼镜的快速进化。未来眼镜的轻量化和极强的电池续航力将是次世代 VR 设备的重点	Google Glass

VR 产业最初的发展源于军方在飞行、航空等方面进行模拟训练的需求。20 世纪 90 年代，VR 产业逐步发展到消费级，但是总体发展情况仍较为缓慢。直到以脸书作价 20 亿美元收购傲库路思作为代表性事件，在世界范围内掀起了 VR 发展的浪潮。

按照技术主题进行扩展 VR 技术，结合 IPC 号进行筛选，得到 LD 技术共 4774 个专利族，VR 技术专利发展态势如图 5.15 所示。

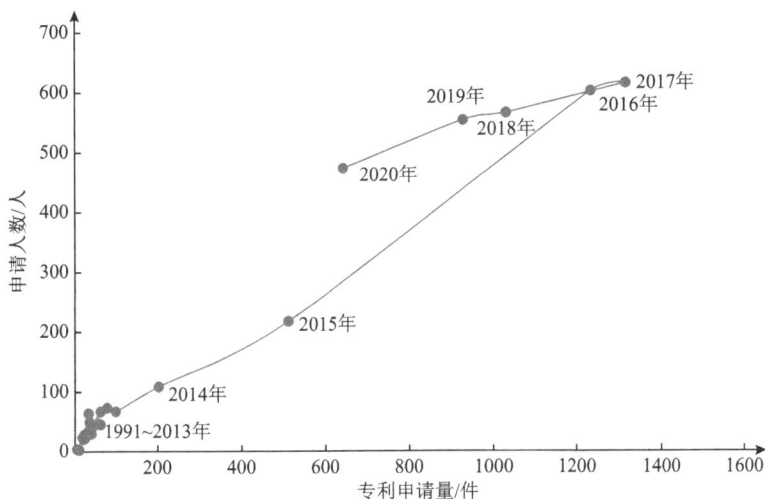

图 5.15 VR 技术专利发展态势

从 VR 专利的演化历程来看，VR 技术的发展主要分为以下三个阶段。

第一阶段（1991～2013 年）为 VR 技术的缓慢发展期。该阶段属于概念的形成和理论的初步形成时期，专利申请量和申请人数均在 100 以下，波动增长，增速缓慢。VR 技术萌芽最早可以追溯到 1962 年，电影摄影师莫顿·海利希研发出一款名为 Sensorama 的 VR 原形机并申请了相关专利。1965 年，美国科学家伊凡·苏泽兰（Lvan Sutherland）提出感觉真实、交互真实的人机协作新理论，美国空军开始用 VR 技术来做飞行模拟，VR 也进入理论向实践的过渡。1991 年，全球首款消费级 VR 设备 Virtuality 1000CS 问世，掀起了 VR 商业化浪潮，专利领域也进入整体布局阶段。

第二阶段（2014～2017 年）为 VR 技术的快速成长期。该阶段 LD 专利申请量及专利申请人数快速增长，复合年均增长速度分别达到 86%和78%。VR 技术的快速成长以 2014 年脸书作价 20 亿美金收购 VR 公司傲库路思为开端，在世界范围内掀起了发展浪潮。2014~2017 年，国外韩国三星电子、日本索尼、美国傲库路思，国内理想境界、深圳市虚拟现实科技有限公司、北京小鸟看看科技有限公司均有 VR 相关专利推出。同时，VR市场也进入产品爆发期。国外韩国三星电子联合傲库路思共同设计推出新一代的 Gear VR、日本索尼公布了 PlayStation 专用 VR 设备梦神计划（Project Morpheus）、美国谷歌发布 Google Cardboard 将 VR 带向消费者；国内暴风影音在北京发布了暴风魔镜一代，千幻魔镜、小宅、VRbox 也在Google Cardboard 上进行了一定程度的创新和改造，推出了自己的 VR 产品。

第三阶段（2018 年至今）为 VR 技术的成熟期。该阶段 VR 专利申请量及专利申请人数均出现下降，VR 应用趋于成熟。但从市场层面来看，VR 产业远没有成熟。由于市场依赖的手机低端 VR 设备需求低迷，进入2018 年以后，整体 VR 市场遇冷，产业面临的问题逐渐暴露。一方面，VR设备及所需配套软硬件价格偏高，市场有效需求不足；另一方面，VR设备兼容性较差，应用软件市场仍不成熟。此外，市场上的 VR 设备能够调节成像距离的较少，近视患者及散光患者需要佩戴眼镜才能正常体验 VR，而 VR 设备的体积和重量明显偏高，都会影响到 VR 设备的实际使用体验。

5.4.2 技术前沿与热点

VR 前沿技术主要分为 VR 内容生成和 VR 交互两大类。

VR 内容生成技术是 VR 技术的基础，可以让内容品质更加逼真，制作流程更加方便。相关技术又分为模型生成、表情捕捉、现实捕捉和高端渲染四大类。在模型生成技术上，日本尼康公司的 xxArray 平台可 3D 扫描生成角色全身信息，便捷融合游戏资源生产工具链，导入 3D 场景，并有简单表情制作能力；美国罗姆人工智能（Loom.ai）公司可根据单张照片生成真实模型并具有丰富表情动画；中国厦门幻世网络科技有限公司的小偶小程序可手机自拍生成卡通风格 3D 形象，成为移动互联网圈内关注的焦点。在表情捕捉技术上，欧美国家为研究主力并已进入深度学习领域。英国语音图像公司（Speech Graphics）可根据声音通过深度学习方法生成面部表情动画；美国百纳瑞虚拟现实（BinaryVR）公司通过外部摄像头对使用者进行表情捕捉，针对脸下半部分的表情，结合深度学习推测完整表情并呈现。在现实捕捉技术上，美国欧特克（Autodesk）公司的 Recap 360 支持多种方式导入照片和素材，生成 3D 模型；日本克雷森（Crescent）公司开发的 4DView 通过多个摄像机拍摄演员表演，生成多帧动画模型以及帧动画。在高端渲染技术上，美国和日本均开发了较为成熟的渲染器且已广泛应用于商业软件。

在交互技术方面，VR 也较传统交互方式有很大改进，主要包括 SLAM 定位、眼球追踪、触觉反馈和重定向等。在 SLAM 定位技术上，中国有多家企业参与 SLAM 定位技术的研究，以广东燧光和杭州凌感科技为代表，其中广东燧光的移动 VR 空间定位方案，仅需使用单一的便携摄像头和手柄，即可实现对头部、手部的定位与跟踪，其作用范围大约为 3 米 × 3 米的空间；美国谷歌公司的 Project Tango 项目采用 6 DoF 追踪和定位，加入了动作跟踪摄像头，可以对位移和旋转进行跟踪，具有环境感知能力。在眼球追踪技术上，德国司迈（SMI）的眼球追踪技术有着长久的历史，通过在头盔内部嵌入红外摄像头与分光镜，配合计算机视觉算法，实现精确跟踪；美国谷歌公司的 Eyefluence 可以让用户通过眼神控制 VR 以及 AR 设备，让眼部动作代替鼠标键盘甚至可以代替手指控制智能机和平板电脑；此外，中国七鑫易维、日本福伊（FOVE）公司及瑞典拓比（Tobii）公司均有相关产品发布。在触觉反馈技术上，西班牙神经数字（NeuroDigital）公司研发的 Avatar VR 手套，可通过震动传感器实现可以感受重量和触觉反馈的手套；美国 CyberGrasp 公司的 VR 手套可以为每根手指提供 12 牛顿力的力反馈。在重定向技术上，日本东京大学研发的 Unlimited Corridor，在渲染层面进行感官欺骗和渲染，将直线的无限空间映射到圆形空间,让用户在小物理空间体验大的虚拟世界。VR 关键技术前沿进展如表 5.4 所示。

表 5.4　VR 关键技术前沿进展

分类	关键技术	代技术简介	代表企业	国别	产品特点
VR 内容生成技术	模型生成	可以通过照片或者 3D 扫描技术在没有专业美术支持的前提下快速制作自己的虚拟形象,用户可以在此基础上进行风格化定制	幻世网络	中国	小偶:手机自拍,生成卡通风格 3D 形象
			罗姆人工智能公司	美国	单张照片生成真实图像,有丰富的表情动画
			乌拉尼翁(Uraniom)公司	美国	3D 扫描生成角色头部图像,可便捷融合游戏资源生产工具链,并辅以简单表情能力
			尼康公司	日本	xxArray:3D 扫描生成角色全身信息,可便捷融合游戏资源生产工具链,导入 3D 场景,并有简单表情制作能力
			奥多比(Adobe)公司	美国	Fuse:3D 图像建模工具,可以组合角色的各个部位生成图像模型,有资源库
	表情捕捉	面部表情捕捉技术有助于提升次世代游戏角色的表现力,面部表情的捕捉和还原能力已在 3A 游戏中获得广泛应用,眼球追踪和针对口型与下颌的细节捕捉能力,为 VR 社交提供了角色拟人化的可能性	立方运动(Cubic Motion)公司	英国	立方运动公司的头戴摄像头和补光灯在脸部正前方拍摄演员表情,进行实时或非实时表情捕捉
			费斯维尔(Faceware)公司	美国	费斯维尔公司的头戴摄像头,在脸部正前方拍摄演员表情,主要用于非实时捕捉,电影和游戏行业应用较多
			语音图像公司	英国	根据声音通过深度学习方法生成面部表情动画
			平筛(Pinscreen)公司	美国	在头盔内置摄像头,捕捉穿戴者表情
			苹果公司	美国	Faceshift:通过使用 RealSense 或者 Kinect 等消费级深度摄像头进行表情追踪
			百纳瑞虚拟现实公司	美国	通过外部摄像头对使用者进行表情捕捉。用深度学习针对下半部分脸的表情,推测完整表情并呈现

续表

分类	关键技术	代技术简介	代表企业	国别	产品特点
VR 内容生成技术	现实捕捉	采用摄像机阵列拍摄角色视频组，使用计算机视觉方法将角色和背景分离，生成任意角度的最佳模型，并最大程度地还原角色动画，确保光影与虚拟环境保持一致	欧特克公司	美国	Recap 360：支持多种方式导入照片和素材，生成 3D 模型
			捕捉现实（Capture Reality）公司	美国	通过多数据来源合成 3D 模型，数据来源包括激光扫描、用户拍摄的照片、无人机拍摄的照片或同步扫描等
			克雷森公司	日本	4DView：通过多个摄像机拍摄演员表演，生成多帧动画模型以及帧动画
			微软公司	美国	Holoportation：通过多个 Kinect 实时生成演员表演对应的模型，传输到远端 HoloLens 呈现。包括采集、压缩、传输和还原全套技术可实时运行，带宽需求仅为 30 百万～50 百万比特每秒
			8i 公司	美国	多摄像头捕捉，离线处理，模型使用点云，瑕疵较多，处理时间很长，容量巨大
			无形（Uncorporeal）公司	美国	处理方式类似 8i，但最终模型呈现是用多边形方式，实时渲染后可以有正确光影
	高端渲染	根据现实环境建模，加入可以调节的灯光和天气，可营造任何所需氛围，通过高质量渲染器生成接近真实照片的虚拟画面	Chaos Software 公司	日本	V-Ray：比较成熟的渲染器，作为插件广泛应用于商业软件
			奥拓义（OTOY）公司	美国	基于 GPU Solver 的渲染器，渲染照片级的真实图像
VR 交互技术	SLAM 定位	系统采用额外摄像机通过光学或者计算机视觉的方法实现空间定位功能，可以实现较大空间内定位	广东燧光	中国	移动 VR 空间定位方案，仅需使用单一的便携摄像头和手柄，即可实现对头部、手部的定位与跟踪，其作用范围大约为 3 米×3 米的空间
			谷歌公司	美国	Project Tango：采用 6 DoF 追踪和定位，加入了动作跟踪摄像头，可以对位移和旋转进行跟踪，并具有环境感知能力
			高通（Qualcomm）公司	美国	融合 Fish Eye 计算机视觉定位和惯性设备运动定位技术，获得高可靠的内向外方案
			达库达（Dacuda）公司	瑞士	采用 iPhone 摄像头，根据计算机视觉方法实现定位

分类	关键技术	代技术简介	代表企业	国别	产品特点
VR交互技术	SLAM定位	系统采用额外摄像机通过光学或者计算机视觉的方法实现空间定位功能，可以实现较大空间内定位	杭州凌感科技	中国	6 DoF VR/AR 头显，带有内向外的定位能力，也有手势跟踪能力，基于计算机视觉，效果出色。但受限于计算机视觉，无法解决遮挡、响应速度、可靠性等问题
	眼球追踪	该技术能准确获取眼睛的信息，为实现最优的渲染方案和还原眼部表情动画提供了可能性，进而改善交互，降低眩晕，使用户的沉浸体验更为真实与舒适	司迈公司	德国	司迈的眼球追踪技术有着长久的历史，通过在头盔内部嵌入红外摄像头与分光镜，配合计算机视觉算法，实现精确跟踪
			福伊公司	日本	整合了眼球追踪技术的头显设备
			七鑫易维	中国	特殊的插件化设计，体现了眼球追踪设备模块化概念
			谷歌公司	美国	Eyefluence：可以让用户通过眼神控制 VR 以及 AR 设备，让眼部动作代替鼠标键盘甚至可以代替手指控制智能机和平板电脑
			拓比公司	瑞典	致力于为眼球追踪技术提供硬件和软件解决方案
	触觉反馈	玩家可以通过力反馈设备感受虚拟物体，从而极大地提升沉浸感	神经数字公司	西班牙	Avatar VR 手套：通过震动传感器实现可以感受重量和触觉反馈的手套
			CyberGrasp公司	美国	可以为每根手指提供 12 牛顿力的力反馈手套
	重定向	通过将场景进行不同程度的扭曲渲染，引导玩家走曲线路径，在较小物理空间模拟更大的虚拟世界	东京大学	日本	Unlimited Corridor：在渲染层面进行感官欺骗和渲染，将直线的无限空间映射到圆形空间，让用户在小物理空间体验大的虚拟世界

从相关专利的技术构成来看，近十年以来，各大创新主体对 LD 技术的研究热点主要布局在 VR 产品、配套系统、SLAM 定位技术、眼球跟踪及交互技术五个方向。其中，VR 产品的研究重点主要包括 VR 眼镜、近眼显示器、头戴显示器、立体显示器、VR 头盔等；配套系统的研究重点主要包括仿真系统、考核系统、模拟驾驶、教学系统等；SLAM 定位技术的研究重点主要包括 VR 环境、虚拟实境、真实世界、位置跟踪等；眼球跟踪的研究重点主要包括短焦距、液晶透镜、视觉信息、屈光度、瞳距、光学模组等；交互技术的研究重点主要包括人机交互、模拟体验、显示装置

等。结合对专利内容的深入解读，2011～2021 年 VR 技术专利研究热点如图 5.16 所示。

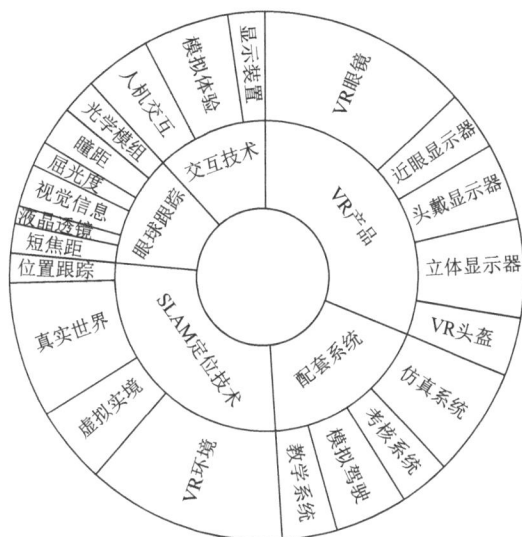

图 5.16　2011～2021 年 VR 技术专利研究热点

5.4.3　技术专利分布

如图 5.17 所示，中国是 1991～2021 年全球 VR 技术专利布局最多的国家，相关专利的公开量高达 2536 件，占全球专利公开总量的 54.80%，超过全球 VR 技术专利总数的一半；美国 VR 技术相关专利的公开量为 900 件，占全球专利公开总量的 19.45%，位居第二；韩国 VR 技术相关专利的公开量为 462 件，占全球专利公开总量的 9.98%，位居第三；世界知识产权组织和日本的 VR 技术专利公开数量排名第四和第五，公开的专利数量分别为 331 件和 196 件，占比分别为 7.15% 和 4.24%。

如图 5.18 所示，1991～2021 年中国和韩国 VR 技术专利主要布局在 G02B（光学元件、系统或仪器）和 G09B（教育或演示用具）领域；美国在 G02B（光学元件、系统或仪器）和 G06F（电数字数据处理）领域布局有较多专利；日本专利布局最多的是 G09B（教育或演示用具）领域。

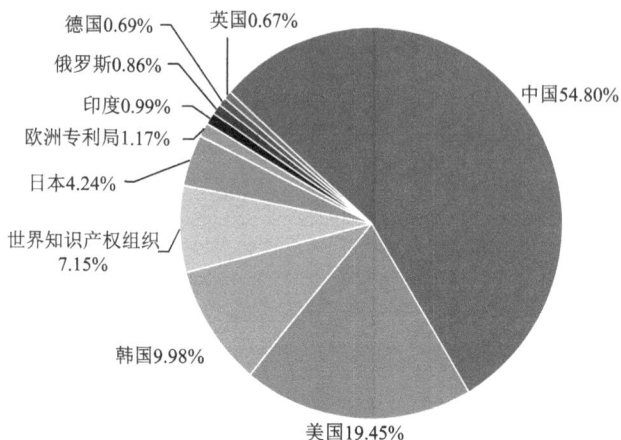

图 5.17 1991~2021 年全球 VR 技术专利分布

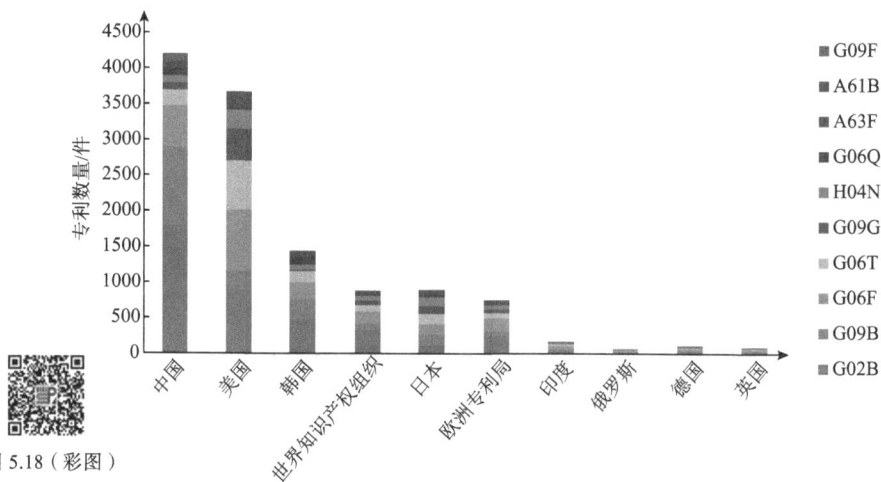

图 5.18（彩图）

图 5.18 1991~2021 年全球 VR 技术专利布局

G09F——显示；广告；标记；标签或铭牌；印鉴；A61B——诊断；外科；鉴定；A63F——利用小型运动物体的室内游戏；视频游戏；其他类目不包含的游戏；G06Q——专门适用于行政、商业、金融、管理或监督目的的信息和通信技术；其他类目不包含的专门适用于行政、商业、金融、管理或监督目的的系统或方法；H04N——图像通信，如电视；G09G——对用静态方法显示可变信息的指示装置进行控制的装置或电路；G06T——一般的图像数据处理；G06F——电数字数据处理；G09B——教育或演示用具；G02B——光学元件、系统或仪器

美国作为 VR 技术的发源地，其研究水平基本上就代表了国际 VR 发展的水平。美国在该领域的基础研究主要集中在元器件及主控芯片等方面。单片系统芯片是 VR 产品实现运行控制和数据处理的核心，市场上中

高端 VR 芯片主要由美国高通芯片占据，国内厂家在芯片设计和算法支持上均有较大差距。高通最新的基于骁龙 865 衍生的 XR2 平台，集成了高通的 5G、AI 和 XR 技术，相较于骁龙 835，骁龙 XR2 的 CPU 和 GPU 性能提升 2 倍，视频处理能力提升 4 倍，分辨率输出能力提升 6 倍，AI 性能提升 11 倍，视觉方面最高支持单眼 2880×2880 分辨率/90 赫刷新率，或 2560×2560 分辨率/120 赫刷新率，支持眼球追踪及注视点渲染，是 VR 行业首个专用高性能处理器，可以大幅提高 VR 性能，占领大部分高端市场份额。

韩国将其在显示屏方面的技术优势延续到了 VR 领域。由于 OLED 在响应延迟、对比度、尺寸等方面优于 LCD，上一代 VR 产品主要使用 OLED 屏幕。2016～2017 年，三星电子在中小尺寸 OLED 领域的市场占有率在 95%以上。从 2020 年起，韩国 APS 公司开始主导研发韩国政府的精细金属掩膜制造技术，该技术同样用于制造 OLED 面板，有望开发出高达 4000ppi 的 Micro OLED 显示屏，用于 AR、VR 头显等设备。

我国在 VR 领域的研究多头并举。在主控芯片方面，全志科技、瑞芯微、晶晨股份等厂商都提供了虚拟现实解决方案，但性能尚有差距，应用的产品较少。2021 年 12 月 16 日，瑞芯微发布了新一代顶级旗舰芯片 RK3588，RK3588 采用四核 Cortex-A76 和四核 Cortex-A55 的典型大小核架构，大核主频 2.4 吉赫，小核主频 1.8 吉赫，充分考虑了性能和功耗的平衡。1MBL2Cache 和 3MBL3Cache，提供更强的 CPU 运算能力。瑞芯微同时还发布了基于 RK3588 的 4K90HzVR 低延迟物理双屏 VR 解决方案，采用京东方 2.1 寸快速响应 LCD 双屏，单目分辨率 2160×2160，双目分辨率 4320×2160，像素密度达到 1454ppi，双屏近眼显示，支持更小的色散和畸变。在显示方面，京东方推出的高分辨率响应时间小于 5 毫秒的快速响应液晶面板，耐德佳、枭龙科技等企业在 AR 设备光学模组设计方面拥有国内外专利，掌握了显示关键技术。在交互方面，七鑫易维的眼球追踪解决方案、诺亦腾的动作捕捉技术等开始应用于国产 VR/AR 终端设备中，商汤也推出了 SenseAR 追踪定位系统。

5.4.4 主要技术创新主体与合作网络

如表 5.5 所示，1991～2021 年全球 VR 技术创新主体专利申请量前 20 位的申请人均为企业型申请人，可见企业在 VR 的专利领域具有较大的研发动力和产出实力。从申请人所属国来看，中国企业 10 家，美国 7 家，韩国 2 家，日本 1 家。排名前 3 位的依次是京东方、谷歌以及三星电子，专利申请量依次为 324 件、165 件和 148 件，前 20 位申请人专利申请总数的占比约为 37.4%。美国林肯环球及微软公司专利申请量也在 100 件以上，分别位居第 4 位和第 5 位，专利申请量分别为 142 件和 103 件。前 5 位申请人专利申请总数超过前 20 位专利申请人专利申请总数之和的一半，呈现多头竞争的局面。

表 5.5　1991～2021 年全球 VR 技术创新主体专利申请量（排名前 20 位）

申请人	专利申请量/件	国家
京东方科技集团股份有限公司	324	中国
谷歌公司	165	美国
三星电子公司	148	韩国
林肯环球有限公司	142	美国
微软技术许可公司	103	美国
深圳市虚拟现实科技有限公司	95	中国
深圳多哚新技术有限责任公司	89	中国
魔法飞跃公司（Magic Leap Inc）	78	美国
索尼互动娱乐有限公司	67	日本
乐金显示公司	64	韩国
阿里巴巴集团控股有限公司	56	中国
英特尔公司	54	美国
傲库路思公司	50	美国
歌尔科技有限公司	46	中国
北京小鸟看看科技有限公司	43	中国
深圳创维新世界科技有限公司	41	中国

申请人	专利申请量/件	国家
脸书公司	39	美国
北京小米移动软件有限公司	38	中国
深圳市掌网科技股份有限公司	33	中国
华为技术有限公司	26	中国

京东方在 VR 领域的专利布局涵盖半导体工艺、OLED 器件结构、像素驱动设计、微纳光学、光学整机等。京东方为 VR 提供的显示解决方案包括高像素密度、高刷新率的快速响应 LCD 和超高分辨率、超高对比度的硅基 OLED 等极具代表性的显示技术。同时，京东方还在 Mini LED 领域进行布局，以进一步提升快速响应 LCD 在高对比度、高刷新率、高亮度等方面的性能。京东方的 Mini LED 技术辅以高动态光照渲染功能，可以更好地发挥 VR 产品近眼超清细腻画质要求。目前，京东方已量产了搭载 Mini LED 背光的 3.2 英寸、分辨率 2880×2880、像素密度 1200ppi 的快速响应 LCD 产品；联合芯片与光学厂商发布了 0.7 英寸全高清参考设计方案，推出像素密度 5644ppi、超高分辨率、120+赫高刷新率硅基 OLED 产品等代表性产品。同时，京东方已有多款产品与行业知名头部客户达成合作。

谷歌公司最早进入 VR 领域是凭借其推出的 VR 头显设备 Cardboard，但其在 VR 领域的布局却不在硬件端，反而在应用和平台上做了很多内容。最具有影响力的当属谷歌在 I/O 全球开发者大会上推出的一个名为 DayDream 的 VR 平台。基于安卓 N 系统的 DayDream 平台分为 VR 模式、头显、控制器标准方案和 VR 应用商店。DayDream 优化了 VR 的算法后，能够有效地降低延迟、减少眩晕感，它能够支持智能手机，并可以将延迟降低到 20 毫秒以下。同时，谷歌还向硬件开发商公布了 DayDream 兼容手机的详细参数和相应的头戴设备的参数，使得主流的硬件开发商的产品能无障碍地接入 DayDream 平台，就如同手机厂商开发的手机大多都是运行在安卓系统上。这样，即使谷歌不做 VR 硬件，也能抢占移动 VR 市场。

作为首批进军 VR 的科技巨头之一，三星电子公司自 2014 年开始布局 VR。手机是三星电子的移动部门的核心业务，移动部门占三星电子总收入 50%左右。三星电子虽然还有存储芯片业务和显示面板业务，但作为营收重头的手机是三星电子的绝对主业。近年来，三星电子的智能手机业务逐年下滑，三星电子也几乎保持了一代手机一代 VR 的布局，在挽回手机业务的同时，积极开拓 VR 产品市场。2022 年，三星电子推出了"Gear 虚拟现实 VR"系列，这是一款盒式 VR 产品，已经卖出了数百万台。作为微软的"盟友"，三星电子还同步推出了 PC VR 设备。

从 IncoPat 科技创新情报平台专利数据库下载 1991～2021 年全球 VR 领域相关专利的题录信息，对专利申请人字段做共现分析，并利用 VOSviewer 软件进行合作网络分析，得到以下结论。VR 技术的联合创新，国外以个人与个人之间合作为主，国内以企业与企业之间合作为主。国外，索尼公司联合多米尼克·马林森（Dominic Mallinson）在头戴式 VR 设备及系统方面进行专利布局；林肯电气的卡尔·彼得斯（Carl Peters）、迪安娜·波斯特斯怀特（Deanna Postlethwaite）、马修·韦恩·华莱士（Matthew Wayne Wallace）等人就 VR 在焊接领域的应用进行专利布局；微软的汤姆·萨尔特（Tom Salter）、本·苏格登（Ben Sugden）、劳拉·梅西（Laura Massey）等人在 VR 表面数据重建、虚拟物体放置及接地层调整等方面进行了专利布局。国内的技术合作主要在应用端，国家电网与中冶集团、武汉科迪奥电力科技有限公司存在技术合作，南方电网与北京科东电力控制系统有限责任公司、云南电网有限责任公司教育培训评价中心存在技术合作，技术布局范围主要包括基于 VR 的有载分接开关检修实训、电力设备检修的 VR 模拟等；业成科技有限公司及其子公司英特盛科技股份有限公司在 VR 人眼追踪系统、设备等方面进行了专利布局。

5.5　AR 技术创新态势

5.5.1　技术演化历程

　　AR 技术是一种基于计算机实时计算和多传感器融合，将现实世界与虚拟信息结合起来的技术。该技术通过对人的视觉、听觉、嗅觉、触觉等感受进行模拟和再输出，并将虚拟信息叠加到真实信息上，给人提供超越真实世界感受的体验（史晓刚等，2021）。

　　AR 共有 3 种显示方式，从距离眼睛近到远分别为头戴式（head-attached）、手持式（hand-held）、空间展示（spatial）。AR 技术细分领域的类型与其原理如表 5.6 所示。

表 5.6　AR 技术细分领域简介

类型		原理
头戴式	光场显示或其他视网膜显示技术	原理在于设备将虚拟光线直接投射进用户的视网膜上，从而形成以假乱真的效果。其优点在于视角广、亮度高、画面好等。这种显示技术不需要屏幕做载体，通过光场呈现物体全方位深度的图像，从而实现用户观察近景或远景不同景深的切换
	头戴式显示技术 视频式	设备通过外置的摄像头获取真实世界的信息，并根据机器视觉等技术同时叠加虚拟信息，使得用户通过配置在其眼前的 AMOLED 屏等显示屏幕看到真实世界和虚拟叠加信息
	头戴式显示技术 光学式	用户通过人眼前的透镜看到真实世界，而计算机生成的虚拟信息则通过一系列的光学系统投射入人眼中，从而实现在真实世界的光源下叠加虚拟信息的效果
手持式		用手机或任何移动终端的摄像头获取现实世界的图像，并在移动终端的现实世界图片、视频中叠加虚拟信息。当前基于手机端的 AR 游戏、大量的 AR 卡均采取的是这种形式
空间展示		包括用显示器展示 AR，演唱会、商业展示、博物馆、游乐园等通过 AR 技术进行公共的虚拟形象的展示，或以其他屏幕呈现 AR 信息

　　AR 最早应用在工业系统中，然后才逐渐发展为民用。最典型的是 1990

年波音公司研究员汤姆·考德尔（Tom Caudell）和他的同事设计了一个辅助飞机布线系统，利用头戴设备将布线图或者装配指南投射到板上，这些AR 投影可以通过计算机快速轻松地更改，极大地加快了设备的装配。随后 AR 技术逐渐发展，但是用户主要集中在高校、企业等，个人消费市场的应用很少。随着近十几年移动互联网的迅速发展，AR 产业也开始迅速发展，逐渐进入消费级领域，如 AR 手机导航等。

AR 技术按照技术主题进行扩展，结合 IPC 号进行筛选，得到 LD 技术共 3595 个专利族，AR 技术专利发展态势如图 5.19 所示。

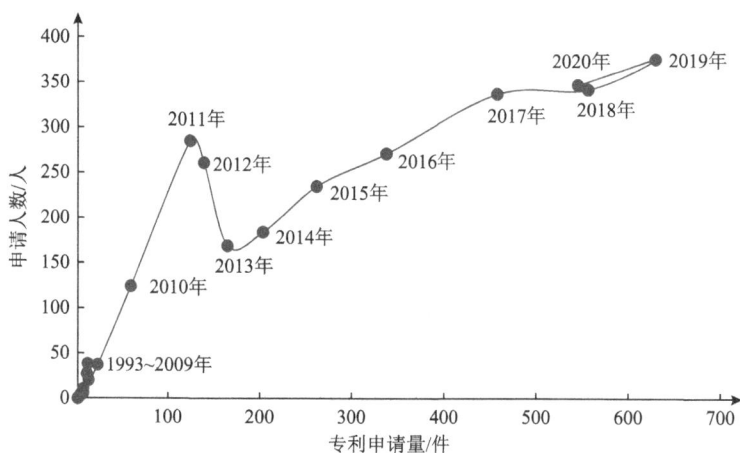

图 5.19　AR 技术专利发展态势

从 AR 专利的演化历程来看，技术的发展主要分为以下三个阶段。

第一阶段（1993～2009 年）为 AR 的技术萌芽期。该阶段专利申请量和申请人数非常少，均在 100 以下，个别年份没有专利申请记录。AR 的概念最早于 1992 年，由波音公司的研究员 Tom Caudell 提出。1993 年，酷睿替康公司提出了首件专利申请（专利申请号：US5815411A），其是一种利用位置和姿态的电光视觉系统。真正带领 AR 走出实验室的当属 AR Toolkit 项目，AR Toolkit 项目是 1999 年由奈良先端科学技术大学院大学的加藤博一（Kato Hirokazu）主导开发的，AR Toolkit 基于标记的 AR 效果识别 2D 目标进行计算机跟踪，使得虚拟的物体跟着现实的物体同步运动，AR 正式进入大众视野。

第二阶段（2010～2013 年）为 AR 的波动发展期。该阶段专利申请量和申请人数先有大幅度的增长随后剧烈递减，周期内波动较大。随着科技的发展，尤其是智能手机等移动设备的不断更新，AR 技术也有了更多可发挥的功能。2012 年 4 月，谷歌宣布开发 Project Glass AR 眼镜项目，这种 AR 的头戴式现实设备将智能手机的信息投射到用户眼前，通过该设备也可直接进行通信。Google Glass 的发布给产业带来了活力，但随后谷歌公司停产该款产品也给产业发展蒙上了阴影。

第三阶段（2014 年之后）为 AR 的快速发展期。该阶段专利申请量和申请人数均有大幅度的增长，2014～2019 年，AR 领域专利申请人数年复合增长率 15.36%，专利申请量年复合增长率 25.38%。AR 在这一阶段的高速发展，主要受益于 5G、AI、云计算及边缘计算等技术的不断成熟，技术发展前期遇到的问题迎刃而解，行业整体进入加速成长阶段。从市场规模的角度看，由于 AR 产业仍处于产业发展前期，不同机构对产业规模的预测存在较大的差距，但是总体都看好 AR 产业的发展。从产品的目标客户看，AR 产品的市场较之 VR 更倾向企业端，行业应用的前景要更为广阔。相对于个人而言，企业客户更愿意在前期付出高昂的成本以提升生产和管理水平，比个人消费者更能推动 AR 产业的发展。

5.5.2　技术前沿与热点

AR 系统中，通过对输入图像的处理、组织，建立起实景空间，计算机生成虚拟对象依几何一致性嵌入实景空间中，形成虚实融合的 AR 环境，再输入到显示系统中呈现给使用者，使用者通过交互设备与场景环境进行互动。其中，虚实结合的注册步骤非常关键，和最后的显示输出端一起决定了使用者对环境的最终感知效果，而虚拟对象的生成也直接影响着使用者的体验效果。因此，3D 跟踪注册技术、虚实融合显示技术和人机交互技术是 AR 系统的三大关键技术。其中人机交互技术与 VR 互通，下文仅就

3D跟踪注册技术、虚实融合显示技术进行展开。

AR领域应用的3D跟踪注册技术主要包括基于硬件设备的跟踪定位和即时定位与地图构建SLAM技术。前者通过硬件传感器跟踪技术来实现，主要包括惯性导航系统、GPS、电磁、光学或超声波位置跟踪器等，虽然它无须通过计算机复杂的算法来获取位置信息，速度比较快，但是相应的注册精度不是很高，比如GPS定位很容易受到复杂地形位置的干扰，而惯性定位追踪的偏差度会随时间的增长而不断增大。SLAM是目前跟踪定位技术的主流研究方向，根据摄像头、传感器的信息，一边计算自身位置，一边构建环境地图，SLAM能够随时扩展使用场景，并且可以保证局部的定位精度，在机器人、VR和AR等中都是关键环节。AR系统采用基于视觉的SLAM算法，通过两帧或多帧图像估计位姿变化，英伟达、英特尔、微软等公司都在该领域进行布局，目前底层算法还不完善，多传感器融合、优化数据关联、提升鲁棒性和重定位精度等方面都需要提升，而且头戴式设备电池、处理器、传感器等硬件性能比较低，改善算法的需求更加迫切。

虚实融合显示技术主要包括全息投影技术和光场显示技术。全息投影技术又分为DLP投射技术和LCOS投射技术，DLP投射技术是基于数字微镜晶片完成可视数字信息显示的技术，原生对比度高、机器小型化、光路封闭式，缺点是具有彩虹效应，具体表现是使用白色光源的投影机色彩被简单地分离出明显红、绿、蓝三种单色，当前主要被美国德州仪器垄断；LCOS采用反射式，利用光效率高、体积小、开口率高、成本低等，技术本身仍有许多问题待克服，如黑白对比不佳、三片式LCOS光学引擎体积较大等，当前主要的生产厂商有索尼、胜利、视创科技、中芯国际、台联电、江西鸿源数显科技、河南辉煌、武汉全真光电、深圳市长江力伟等。光场显示技术以魔法飞跃公司最先研究，核心是光导纤维投影仪，基于激光在光导纤维中传播后从纤维的端口射出时输出方向和纤维相切的原理，通过改变纤维在3D空间中的形状，特别是改变纤维端口处的切线方向，控制激光射出的方向，直接投射到视网膜。光场显示需要计算整个4D光场，其计算复杂度提高几个数量级，同时，精确地调控机械部件，使得每一个纤维都稳定自然地颤动，并且颤动的模式要和数据传输同步，这种颤动不能受外界噪声的影响，也是技术的难点。目前此技术还在实验室阶段，只有原型机，没有对应产品。AR 关键技术前沿进展如表 5.7 所示。

表 5.7　AR 关键技术前沿进展

类型	关键技术		代表企业/产品	简介	特点
3D 跟踪注册技术	基于硬件设备		谷歌 Project Tango	通过硬件传感器跟踪技术来实现，主要包括惯性导航系统、GPS、电磁、光学或超声波位置跟踪器等	通过手机的传感器来进行运动追踪。虽然它无须通过计算机复杂的算法来获取位置信息，速度比较快，但是相应的注册精度不是很高，比如 GPS 定位很容易受到复杂地形位置的干扰，而惯性定位追踪的偏差度会随时间的增长而不断增大
	SLAM 定位		微软 Hololens	利用计算机视觉获取真实场景的信息后，经过图像处理方面的知识来识别和跟踪定位真实场景。可以细分为基于传统标志的注册算法和基于自然特征点无标志的注册算法	无须事先布置场景或采用昂贵的设备，不用摆放标记物，能够随时扩展 AR 使用场景，并且可以保证局部的定位精度，使虚拟物体在用户看来能摆在真实场景之中
虚实融合显示技术	全息投影技术	DLP 投射技术	德州仪器	基于数字微镜晶片完成可视数字信息的显示	原生对比度高、机器小型化、光路封闭式，缺点是具有彩虹效应，具体表现是使用白色光源的投影机色彩被简单地分离出明显红、绿、蓝三种单色
		LCOS 投射技术	索尼、胜利、视创科技、中芯国际等	反射式 Micro LCD 投影技术	利用光效率高、体积小、开口率高、成本低等，技术本身仍有许多问题待克服，如黑白对比不佳、三片式 LCOS 光学引擎体积较大等
	光场显示技术		魔法飞跃	通过改变纤维在 3D 空间中的形状，特别是改变纤维端口处的切线方向，控制激光射出的方向，直接投射到视网膜	可以呈现不同深度的图像，用户观察近景或远景时，都可以看到真实的聚焦和失焦效果

如图 5.20 所示，2011～2021 年全球 AR 技术专利研究热点主要布局在融合显示、产品应用、数据处理、3D 跟踪注册技术及显示产品五个方向。其中，融合显示的研究重点主要包括显示图像、AR 技术、焦点区域、重影处理、光波导、光学模组等；产品应用的研究重点主要包括学习教育、

可读记录介质、培训系统、互动教育、脊柱外科手术等；数据处理的研究重点主要包括设备系统、显示系统、计算机程序、现实系统、机器学习等；3D 跟踪注册技术的研究重点主要包括驱动补偿、电磁跟踪、AR 技术、混合现实等；显示产品的研究重点主要包括头戴式显示器、抬头显示器、智能眼镜、数据眼镜、平视显示器等。

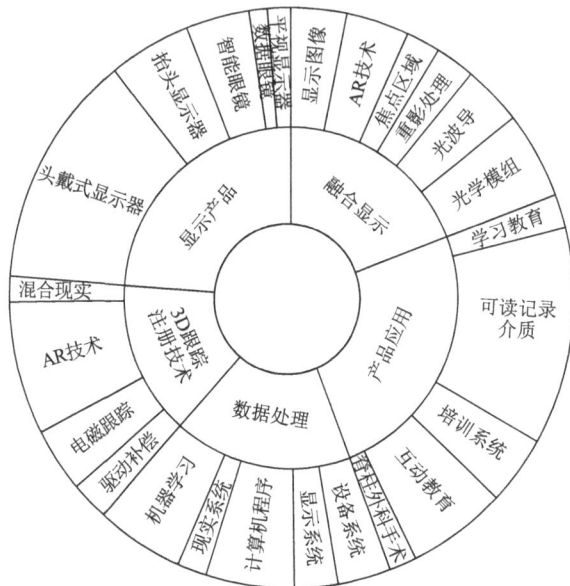

图 5.20　2011～2021 年全球 AR 技术专利研究热点

5.5.3　技术专利分布

如图 5.21 所示，1993～2021 年全球 AR 技术专利布局最多的国家是美国，相关专利的公开量高达 2386 件，占全球专利公开总量的 39.87%；中国 AR 技术相关专利的公开量为 1390 件，占全球专利公开总量的 23.22%，位居第二；韩国 AR 技术相关专利的公开量排名第三位，但与美国和中国专利公开量相差巨大，仅为 641 件，占全球专利公开总量的 10.71%；世界知识产权组织和欧洲专利局在 AR 专利公开量排名第四和第五，公开的专利数量分别为 572 件和 476 件，占比分别为 9.56% 和 7.95%。

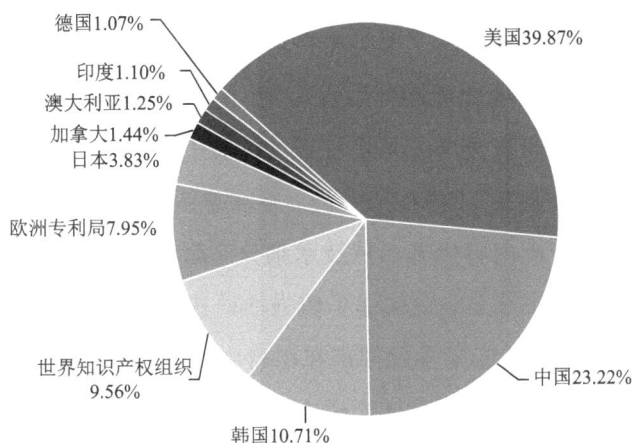

图 5.21　1993～2021 年全球 AR 技术专利分布

如图 5.22 所示，1993～2021 年美国 AR 技术专利主要布局在 G02B（光学元件、系统或仪器）、G06T（一般的图像数据处理）及 G06F（电数字数据处理）等领域；中国和韩国除了在 G02B（光学元件、系统或仪器）有较多专利布局之外，在 G09B（教育或演示用具）领域也申请了较多专利。

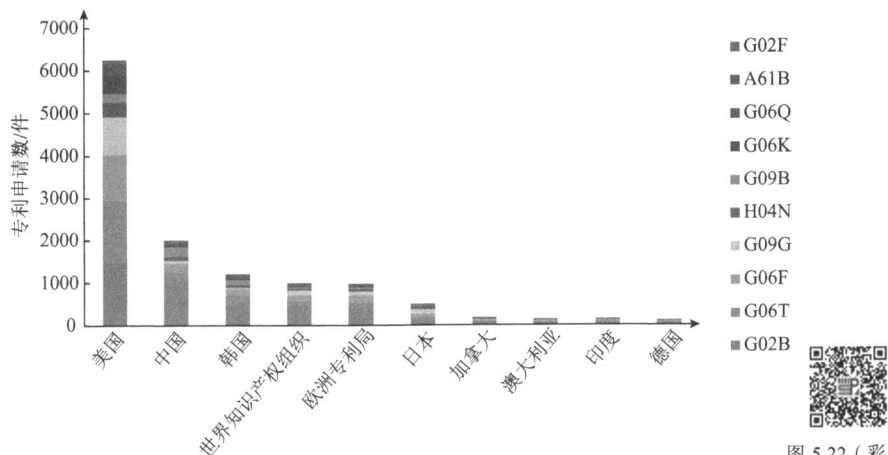

图 5.22（彩图）

图 5.22　1993～2021 年全球 AR 技术专利布局

G02F——用于控制光的强度、颜色、相位、偏振或方向的器件或装置；A61B——诊断；外科；鉴定；G06Q——专门适用于行政、商业、金融、管理或监督目的的信息和通信技术；其他类目不包含的专门适用于行政、商业、金融、管理或监督目的的系统或方法；G06K——图形数据读取；数据表达；记录载体；处理记录载体；G09B——教育或演示用具；H04N——图像通信，如电视；G09G——对用静态方法显示可变信息的指示装置进行控制的装置或电路；G06F——电数字数据处理；G06T——一般的图像数据处理；G02B——光学元件、系统或仪器美国对 AR 的专利布局主要集中在运算硬件方面，在底层算法技术和 CPU、GPU、超异构等处理器环节占有绝对优势。从整体市场来看，AR 领域重头企业均分布在美国，苹果、谷歌、脸书一直沿着战略目标进行并购布局，苹果继续完善 VR/AR 产业链，谷歌意图重建消费级 AR 市场，脸书则以硬件反哺 VR 内容生态。从技术细分来看，除了主控芯片被高通垄断之外，美国在光波导方向也掌握了较强话语权。与 VR 不同，AR 需要与真实环境发生交互，AR 光学元件正在由自由曲面/共轴空导等向光波导演进。美国苹果公司收购的全息体光栅方案厂商具有垂直整合制造能力，能够提供从材料到量产完整的解决方案；微软、魔法飞跃等公司，通过纳米压印技术，具备了表面浮雕光栅波导批量生产条件。长期来看，由于光波导轻薄性及显示效果优势，一旦突破量产瓶颈后有望实现 AR 领域的快速渗透。

三星电子、乐金显示等厂商一直居于显示硬件的领先地位，因此在 AR 设备开发方面，韩国具有一定的优势。除了以显示硬件为重点布局之外，韩国的 AR 产业发展还存在一个显著特征——推动 5G 应用的展开。作为全球首个 5G 商用的国家，韩国用近 9 个月的时间，完成了对本国 93%人口的 5G 覆盖，截至 2022 年年底用户数已接近 2100 万，三家运营商合计部署基站超过 20 万站。韩国的 SK 电讯就着重提出了超高清视频、AR、VR、游戏、社交媒体等五大 5G 应用并提供了丰富的实践，如 AR 眼镜套餐、VR 虚拟偶像、VR 旅游、AR 家庭锻炼、AR 儿童图书馆等。AR 助推了 5G 的发展，而 5G 的展开进一步带动了 AR 应用的快速落地。

中国的 AR 产业发展较国外晚 1~2 年，但政府及行业均高度重视，产业扶持政策不断出台，传统企业百度、联想、华为、歌尔股份、爱奇艺等稳扎稳打，初创企业理想境界、亮亮视野、珑璟光电等布局产业链核心技术，纷纷完成大额融资、发展提速。在硬件方面，中国 AR 硬件市场处于行业发展初期，AR 硬件产品中，AR 眼镜相对成熟，有少数公司已发售产品，但整体尚未进入量产。除 AR 眼镜外，其他硬件产品处于概念、众筹阶段。在软件方面，国内企业主要有虹宇科技、中视典、微力互动、亮风台（上海）信息科技有限公司、视辰信息科技进行底层技术开发，新锐天地传媒、幻眼信息科技、触景无限科技、触角科技、投石科技、华堂立业科技、深圳市优码互动科技有限公司等进行应用的开发。2020 年，虹宇科技发布自研 VR/AR 3D 多任务系统 Iris OS，可以呈现 2D、3D 的窗口及全景应用，支持多人多设备协作，兼容各类芯片平台及光学模组，致力于将 Iris OS 打造为开放的 VR/AR 操作平台，已与 OPPO、vivo、TCL 等厂商展开合作。

5.5.4　主要技术创新主体与合作网络

如表 5.8 所示，1993～2021 年全球 AR 技术创新主体专利申请量排名前 20 位的申请人均为企业型申请人，除了大型的互联网企业及老牌面板企业外，还有多家 AR 初创企业，如研发智能头盔的达奇瑞有限责任公司、开发 AR 操作系统的莱蒂纳尔有限公司以及进行光波导研发的波动光学公司。从申请人所属国来看，美国企业 10 家，中国 5 家，韩国 3 家，英国和德国各 1 家。排名前 3 位的依次是魔法飞跃公司、三星电子和微软，专利申请量依次为 330 件、226 件和 213 件，前 20 位申请人专利申请总数的占比约为 46.7%。

表 5.8　1993～2021 年全球 AR 技术创新主体专利申请量（排名前 20 位）

申请人	专利申请量/件	国家
魔法飞跃公司	330	美国
三星电子公司	226	韩国
微软技术许可公司	213	美国
乐金电子公司	106	韩国
国际商业机器公司	92	美国
京东方科技集团股份有限公司	79	中国
达奇瑞有限责任公司	78	美国
莱蒂纳尔有限公司	76	韩国

续表

申请人	专利申请量/件	国家
高通公司	58	美国
大众集团	53	德国
波动光学公司	44	英国
奇跃公司	41	中国
谷东科技有限公司	41	中国
脸书公司	33	美国
迪士尼公司	32	美国
英特尔公司	32	美国
斯内普有限公司	29	美国
谷歌公司	28	美国
成都理想境界科技有限公司	28	中国
苏州苏大维格科技集团股份有限公司	28	中国

魔法飞跃公司于 2011 年在美国创立,起初聚焦消费级 AR 头显设备研发,而后转向企业级市场。自初创以来魔法飞跃公司获得近 30 亿美元的融资,其技术创新主要集成于微型产品。第一代头显产品 Magic Leap 1,于 2018 年 8 月首次亮相,但消费者对这款昂贵的技术设备接受度并不高。魔法飞跃公司第二代 AR 头显产品 Magic Leap2 于 2022 年 9 月全球发布。Magic Leap2 拥有业界领先的光学元件,可提供一流的图像质量。70 度视野提供广阔的数字工作空间。Magic Leap 2 采用分体式设计,头显设备的重量为 248 克,搭载 18 颗摄像头和传感器(包括眼球追踪模组),主机单元的性能(CPU/GPU)是 Magic Leap 1 的 2~3 倍,支持蓝牙 5.1 和 Wi-Fi 802.11 a/bg/n/ac/ax。相比于第一代头显,Magic Leap 2 具备更长续航、更大内存、支持动态分区调光、提升图像质量、降低渲染误差、全新的操作系统、提升 AR 色彩饱和度等特点。

微软在 AR 领域积累多年,在识别、跟踪、建模等 AR 底层技术方面沉淀深厚。微软发布 HoloLens 一代惊艳市场,持续打磨后推出 HoloLens 2,

增加了强大的手势追踪。在硬件方面，同智能手机的触屏功能，相对一代 HoloLens 2CPU 性能有显著提升，可以流畅运行复杂特效，与微软 Azure、Dynamics 365 等远程方案很好地结合使用。在软件方面，HoloLens 采用以 Windows NT 为基础的 Windows 10 Holographic 系统，HoloLens 2 则采用全新多平台操作系统 Windows Core OS。

乐金电子是消费类电子产品、移动通信产品和家用电器领域内的全球领先者和技术创新者。乐金电子正在发展其 AR 眼镜业务，并将其作为其未来的主要业务之一。乐金电子一直积极开发以前的技术，不断注册与 AR 设备相关的专利。乐金电子正与日本手机运营商日本电报电话公司合作开发一款 AR 眼镜，产品将在日本开售。乐金电子所开发的 AR 眼镜的主要特点在于重量控制方面。当前主流 AR 眼镜重量一般超 300 克，传统眼镜约重 50 克，该 AR 眼镜重量仅有 79.38 克。乐金电子正在与日本电报电话公司研究该 AR 眼镜的主要功能。

从 IncoPat 科技创新情报平台专利数据库下载 1993～2021 年全球 AR 领域相关专利的题录信息，对专利申请人字段做共现分析，并利用 VOSviewer 软件进行合作网络与分析，得到以下结论。从技术创新主体的合作情况来看，AR 技术的联合创新以国外申请人为主。尽管合作形式为个人与个人之间的技术合作，但从当前权利人来看，主要来自两家企业：微软公司和艾普斯格尔公司。微软公司的丹尼尔·J. 麦库洛克（Daniel J McCulloch）、史蒂芬·G. 拉塔（Stephen G Latta）、瑞恩·L. 黑斯廷斯（Ryan L Hastings）等人合作进行较多的专利申请，技术布局重点包括 AR 的视听系统、曲面交互及控制设备等；艾普斯格尔公司的布莱恩·亚当斯·巴拉德（Brian Adams Ballard）、詹姆斯·莱顿·阿特伊（James Leighton Athey）、爱德华·罗伯特·英格利希（Edward Robert English）等人的技术布局重点主要集中在 AR 系统交互系统及任务指令方面。

第6章 光显示导向性技术创新态势

6.1 裸眼 3D 显示技术创新态势

6.1.1 技术前沿与热点

2009 年电影《阿凡达》的上映，标志着 3D 显示技术进入影院市场，并逐渐引领了电影工业现代化发展的新趋势。与此同时，在消费领域，许多家用电器品牌也开始陆续推出 3D 电脑显示器、3D 液晶电视及投影机等产品。传统的 3D 显示技术，无论是涉及家电产品还是电影作品，都需要配套的专业眼镜去实现技术的应用。但是，长时间佩戴这种眼镜容易导致眩晕、眼睛疲劳等不良症状，且近视眼观众在佩戴双重眼镜的情况下，会感到不适与不便，因此更为先进的裸眼 3D 显示技术成为 3D 显示技术发展的新方向。

目前，裸眼 3D 显示技术大多处于研发阶段，并且主要应用在工业商用显示市场，消费端应用尚不广泛。从技术上来看，裸眼 3D 可分为光屏障式（barrier）、柱状透镜（lenticular lens）和指向光源（directional backlight）三种。裸眼 3D 显示技术最大的优势便是摆脱了眼镜的束缚，但是分辨率、可视角度和可视距离等方面还存在很多不足（孙博，2017）。裸眼 3D 显示主流技术的工作原理和优缺点如表 6.1 所示。

表 6.1 裸眼 3D 显示主流技术概况

技术名称	工作原理	优点	缺点
光屏障式 3D 技术	也被称为视差屏障或视差障栅技术，其原理和偏振式 3D 较为类似，方法是使用一个开关液晶屏、偏振膜和高分子液晶层，利用液晶层和偏振膜制造出一系列方向为 90 度的垂直条纹，光通过这些条纹形成了垂直的细条栅模式，被称为视差障壁。通过利用安装在背光模块及 LCD 面板间的视差障壁，在立体显示模式下，由左眼看到的图像显示在液晶屏上时，不透明的条纹会遮挡右眼；同理，由右眼看到的图像显示在液晶屏上时，不透明的条纹会遮挡左眼，通过将左眼和右眼的可视画面分开，使观者看到 3D 影像	与既有的 LCD 液晶工艺兼容，因此在量产性和成本上较具优势	画面亮度低，分辨率会随着显示器在同一时间播出影像的增加成反比降低
柱状透镜 3D 技术	也被称为双凸透镜或微柱状透镜 3D 技术，原理是在 LCD 屏的前面加上一层柱状透镜，使液晶屏的像平面位于透镜的焦平面上，这样在每个柱状透镜下面的图像的像素均被分成几个子像素，使得透镜能以不同的方向投影每个子像素，双眼从不同的角度观看显示屏，就看到不同的子像素	3D 技术显示效果更好，亮度不受到影响	相关制造与现有 LCD 液晶工艺不兼容，需要投资新的设备和生产线
指向光源 3D 技术	采取左右分开的两块 LED 背光源进行显像，配合快速反应的 LCD 面板和驱动方法，让 3D 内容以排序（sequential）方式进入观看者的左右眼，互换影像产生视差，进而让人眼感受到 3D 效果	分辨率、透光率方面能保证，不会影响既有的设计架构，3D 显示效果出色	技术尚在开发，3D 产品不成熟

如图 6.1 所示，2011～2021 年各大创新主体对裸眼 3D 显示技术的研究热点主要布局在柱状透镜、元件、显示器、显示装置、视差几个方面。其中，

图 6.1 2011～2021 年裸眼 3D 显示技术专利研究热点

柱状透镜的研究重点包括透镜阵列、透镜片、透镜系统、液晶透镜等；元件的研究重点包括背光模组、光栅片材、触控、光学元件等；显示器的研究重点集中在头戴显示器、平视显示器、立体显示器等方面；显示装置的研究重点集中在广告机、投影屏幕、公安教育、医学影像、交互系统等方面；视差相关的研究重点包括视差屏障、双凸透镜、视差栅栏、空间图像等。

6.1.2 技术专利分布

如图 6.2 所示，2010～2021 年，中国是全球裸眼 3D 显示技术专利布局最多的国家，相关专利的公开量高达 2176 件，占全球专利公开总量的 53.60%；美国裸眼 3D 显示技术相关专利的公开量为 549 件，占全球专利公开总量的 13.52%，位居第二；日本裸眼 3D 显示技术相关专利的公开量为 383 件，占全球专利公开总量的 9.43%，位居第三；韩国在专利公开数量上与日本旗鼓相当，裸眼 3D 显示技术相关专利的公开量为 346 件，占全球专利公开总量的 8.52%，位居第四。

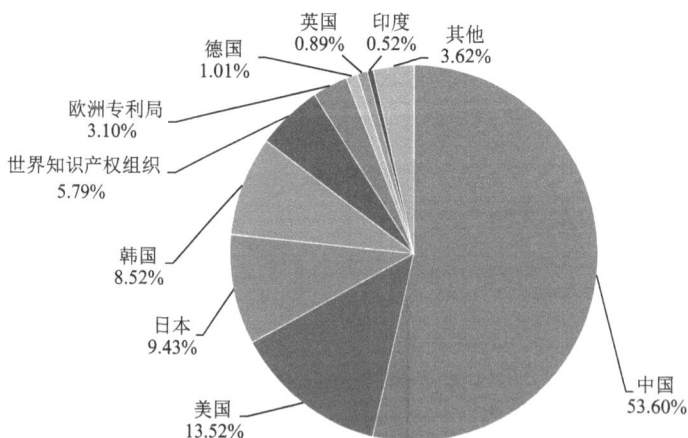

图 6.2　2010～2021 年全球裸眼 3D 显示技术专利分布

尽管在专利公开数量上，中国占有绝对优势，但从裸眼 3D 关键技术、产业化发展等方面来看，中国与美国、日本、欧洲等发达国家及地区还存在较大差距。2010～2021 年全球裸眼 3D 显示技术专利主要布局如图 6.3 所示。

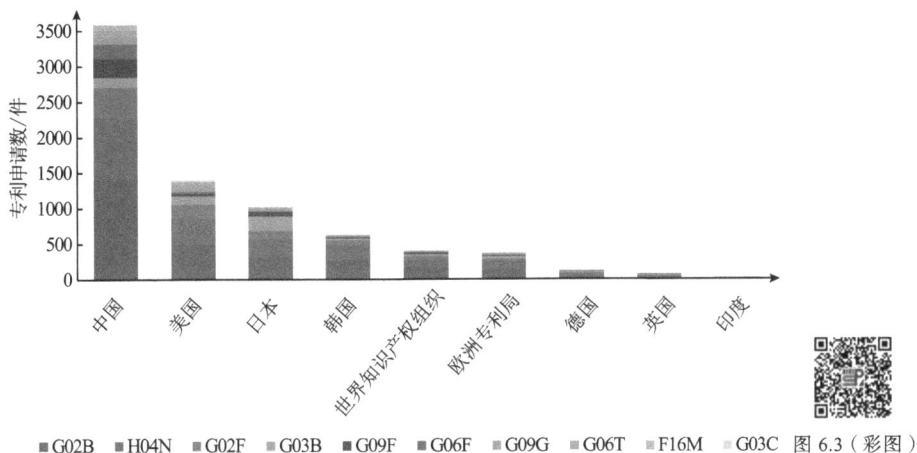

■G02B ■H04N ■G02F ■G03B ■G09F ■G06F ■G09G ■G06T ■F16M ■G03C 图 6.3（彩图）

图 6.3 2010～2021 年全球裸眼 3D 显示技术专利布局

G02B——光学元件、系统或仪器；H04N——图像通信，如电视；G02F——用于控制光的强度、颜色、相位、偏振或方向的器件或装置；G03B——摄影、放映或观看用的装置或设备；G09F——显示；广告；标记；标签或铭牌；印鉴；G06F——电数字数据处理；G09G——对用静态方法显示可变信息的指示装置进行控制的装置或电路；G06T——一般的图像数据处理；F16M——非专门用于其他类目所包含的发动机、机器或设备的框架、外壳或底座；机座；支架；G03C——照相用的感光材料；照相过程，如电影、X 射线、彩色或者立体照相过程；照相的辅助过程

  欧洲裸眼 3D 显示技术发展较为快速，相关专利的研究重点集中在光学元件、系统或仪器以及图像通信（如电视）等方面。欧洲裸眼 3D 显示技术的先导性也较强，主流技术之一的光屏障式 3D 技术是由夏普欧洲实验室研发而来的，且另一主流的柱状透镜技术是由飞利浦和夏普共同创造的，利用在 LCD 面板的最表层添加数组柱状透镜，在这层凸透镜数组上形成影像。

  美国在裸眼 3D 显示技术方面侧重于显示方法、光学透镜以及 3D 显示器的研究，这些技术对应了产业链的上中游环节。由于美国是世界软件强国，掌握着全球软件产业的核心技术、标准体系、产业规则及产品市场，且美国拥有成熟的消费电子产业市场以及较多的大型国际企业，为其大力发展裸眼 3D 产业提供了技术保障与需求动力。因此，美国的裸眼 3D 显示技术在产业链的发展上也相对完善。

日本在图像显示、双凸透镜、显示驱动等方面的技术研究水平较高，且拥有如夏普、东芝、索尼、松下等对裸眼 3D 显示技术研究起步较早的龙头企业，为其裸眼 3D 显示技术的产业化发展奠定了良好的基础。

中国的裸眼 3D 显示技术研究虽然也涉及显示模组、显示控制、液晶透镜等产业链中上游相关的细分领域，但更多的研究重点仍然集中在公安教育、广告机、医学影像、电影院等显示装置及设备的下游应用层面，关键核心技术的发展水平不及欧洲、美国及日本。因此，在当今世界处于以信息全面引领创新、以信息基础重构国家核心竞争力的新阶段，中国正在布局以裸眼 3D 显示技术为核心的 3D 互联网作为未来重大 IT 创新的"动力源"和"助推器"，这将有助于中国形成未来网络建设的先发优势，在底层技术、行业标准等方面争得先机，抢占未来科技竞争的制高点。

6.1.3　主要技术创新主体与合作网络

如表 6.2 所示，在 2010～2021 年裸眼 3D 显示技术创新主体专利申请量前 20 位的申请人中，仅有苏州大学 1 家为高校型申请人，其余均为企业型申请人，可见企业在裸眼 3D 的专利领域具有较大的研发动力和产出实力。从申请人所属国来看，中国的申请人占比高达 70%，日本和韩国企业各 2 家，美国和荷兰企业各 1 家。排名前 3 位的依次是中国京东方、韩国乐金显示以及韩国三星电子，前 3 名申请人的专利申请量依次为 279 件、110 件和 93 件，三者数量之和在前 20 位申请人专利申请总数的占比约为 50%，龙头效应显著。

表 6.2　2010～2021 年裸眼 3D 显示技术创新主体专利申请量（排名前 20 位）

申请人	专利申请量/件	国家
京东方科技集团股份有限公司	279	中国
乐金显示公司	110	韩国
三星电子有限公司	93	韩国
张家港康得新光电材料有限公司	70	中国

续表

申请人	专利申请量/件	国家
夏普公司	54	日本
飞利浦电子有限公司	40	荷兰
深圳市华星光电科技有限公司	40	中国
重庆卓美华视光电有限公司	37	中国
深圳市亿思达科技集团有限公司	26	中国
四川长虹电器股份有限公司	25	中国
杭州行开科技有限公司	24	中国
万维云视（上海）数码科技有限公司	21	中国
芜湖科弟电子科技有限公司	20	中国
索尼公司	19	日本
苏州大学	18	中国
宁波视睿迪光电有限公司	17	中国
深圳超多维科技有限公司	17	中国
芜湖乐创电子科技有限公司	17	中国
柯达公司	16	美国
上海玮舟微电子科技有限公司	16	中国

从主要技术创新主体的专利布局来看，京东方主要围绕其大尺寸显示屏产品展开裸眼 3D 显示技术的研究。京东方在 2021 年年底推出的 ADS pro 技术的新品中，就包括一款 110 英寸 8K 裸眼 3D 显示终端。该款显示终端搭载了 Mini LED、量子点技术及高精度贴合技术，NTSC 色域高达 104%，画面立体真实，无须佩戴 3D 眼镜即可享受立体画面出屏 1.5 米的超酷视觉冲击。

乐金显示公司在裸眼 3D 领域的研究工作主要是与谷歌公司共同开发合作，其裸眼 3D 显示技术主要采用的是光屏障式 3D 技术。乐金显示公司在液晶透镜技术上的研发较早，在液晶透镜的大部分功效点上都有专利分布，尤其是在提高显示质量以及减少液晶透镜的厚度等方面，乐金显示公司的研发持续性较好。

三星电子对裸眼 3D 显示技术的研究重点集中在基于柱状透镜 3D 技术的

各类显示装置领域。2017 年，三星电子面向中国市场发布了智能视觉技术的新一代产品——应用前沿裸眼 3D 解决方案的"瞳 3D"笔记本电脑。"瞳 3D"是三星电子旗下首款裸眼 3D 笔记本电脑，它应用了新一代 3D 显示解决方案，使用了摄像头瞳孔追踪技术，使其具备裸眼 3D 功能，为用户带来视觉新体验。

从 IncoPat 科技创新情报平台专利数据库下载 2010~2021 年全球裸眼 3D 显示技术相关专利的题录信息，对专利申请人字段做共现分析，并利用 VOSviewer 软件进行合作网络分析，得到以下结论。从技术创新主体的合作情况来看，裸眼 3D 显示技术的联合创新存在于企业与企业之间、企业与高校及科研机构之间、个人与个人之间。北京芯海视界三维科技有限公司与视觉技术创投私人有限公司联合申请的专利共有 20 余件，技术布局范围包括多视点裸眼 3D 显示屏、柱镜光学复合膜、显示屏校正方法等；苏州苏大维格科技集团股份有限公司与苏州大学共同申请的专利有 10 余件，技术合作重点集中在波导器件、指向型背光模组、裸眼 AR 显示装置等方面；中山大学与广州弥德科技有限公司在摩尔条纹消除、虚拟人机交互、指向性背光裸眼 3D 显示系统等方面共同布局了专利申请；江祺元、陈其炜等人虽然在背投、液晶屏幕相关的裸眼 3D 显示装置方面联合申请了数件专利，但申请人均就职于厦门喜康乐科技有限公司，因此该类合作属于公司内部个体之间的联合创新。

6.1.4 技术演化规律与趋势

从技术类型来看，裸眼 3D 显示技术的发展主要包括视差屏障、柱状透镜、集成图片、全息摄影、指向光源五个分支。其中，视差屏障、柱状透镜、集成图片三个细分技术点的研究均始于 20 世纪初，全息摄影相关技术的研究萌芽于 20 世纪 50 年代，而指向光源技术的研究相对较晚，起步于 21 世纪初。视差屏障的技术布局主要集中于显示方法层面；柱状透镜技术的研究重点包括双凸透镜显示器件以及相关显示装置等；集成图片和全息摄影技术的研究主要侧重于相关显示器；指向光源技术的研究重点从早期的 3D 光学膜制造逐渐发展到方向性背光源的多视点 3D 显示系统的开发。

尽管上述五个细分技术点的专利技术布局情况略有不同，但整体来看基本呈现以显示方法为核心、以应用场景为导向的技术演化规律。其中，视差屏障、柱状透镜和指向光源技术从方法、器件、显示装置等层面不断深入，逐渐向手机、掌上游戏机、电视机等中小屏应用方向纵深；集成图片和全息摄影以相关显示器的研究为突破口，从提高视觉效果的角度进行改进，逐渐与广告机、展馆系统等大屏应用场景融合。裸眼 3D 显示技术演化规律与趋势具体情况如图 6.4 所示。

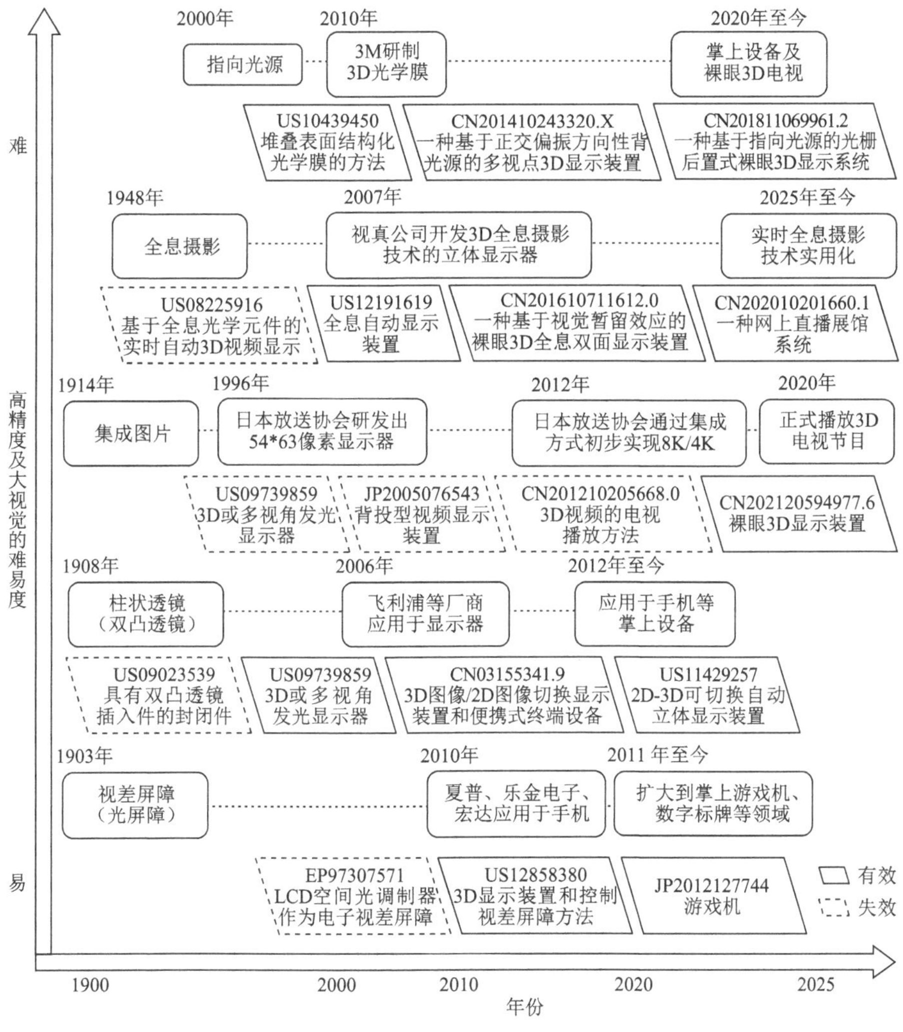

图 6.4 裸眼 3D 显示技术演化规律与趋势

从技术功能来看，裸眼 3D 显示技术的发展主要围绕三个方面：①通过硬件的改善提高显示效果；②通过软件的改善提高显示效果；③应用面的拓展。应用面的拓展的技术分支的申请量相对于其他两个技术分支的申请量偏少，这是因为裸眼 3D 显示技术的发展在特定的应用领域中已经比较成型，运用到其他的领域相对要克服比较大的技术障碍。通过硬件的改善提高显示效果的专利申请量高于通过软件的改善提高显示效果的专利申请量，并远超过应用面的拓展的技术分支的申请量，这说明国内外裸眼 3D 显示的专利布局从技术功能来看主要集中在提升硬件性能以改善裸眼 3D 显示效果的方向（舒瀚和顾明海，2016）。

综上所述，未来裸眼 3D 的技术布局将基于视差屏障、柱状透镜、集成图片、全息摄影、指向光源等核心显示方法，着眼于硬件和软件的开发，以更加优化的显示效果和更加丰富的应用场景为导向，向数字化、互联网化、高清化及视频多屏化的趋势发展，逐渐成为 3D 显示行业的主流。

6.2　Mini LED 显示技术创新态势

6.2.1　技术前沿与热点

Mini LED 最早由中国公司晶元光电提出，指由晶粒（芯片）尺寸在 50～200 微米的 LED 构成的显示屏，介于 Micro LED 和小间距显示之间（邵鹏睿，2023）。应用方向包括 Mini LED 直接显示和 Mini LED 背光的显示屏。由于 Mini LED 显示屏在能耗、色域、对比度、高动态光照渲染、柔性、寿命等方面都有较为出色的表现，工艺难度低于 Micro LED，制作成品相对容易，因此 Mini LED 有望成为 LCD 升级的主导产品，与 OLED 在消费市场一较高下。

Mini LED 目前拥有两种发展路径：一是通过改变背光方式，采用更加密集的芯片分布来改善背光效果，实现轻薄化与更好的对比度；二是以红绿蓝三基色 LED 芯片作自发光显示，将小间距 LED 应用中的芯片尺寸与间距进一步缩小。Mini LED 直接显示由于对成本、良率和一致性有更高的要求，其商用规模处于小规模量产阶段，而 Mini LED 背光技术已经处于商业化落地的相对成熟时期（朱东艳等，2022）。Mini LED 显示主流技术的工作原理与优缺点等如表 6.3 所示。

表 6.3 Mini LED 显示主流技术概况

技术名称	工作原理	优点	缺点
Mini 红绿蓝三基色直接显示	将红绿蓝三基色 LED 灯珠直接作为显示像素点，以此提供成像的基本单位，从而实现图像显示	成本较高，无缝拼接，高分辨率，超大尺寸	多用在 100 英寸以上的大尺寸产品，包括交通管理指挥中心、安防监控中心、室内商显等专业显示市场
Mini LED 背光显示	将传统 LED 芯片缩小，背光源灯珠由原来的几十颗、几百颗变成数千颗、数万颗，分区数量也能从几十、几百个增加到几千、几万个，每个区域对应多个像素点，结合区域调光（local dimming）技术，对背光源进行更加精细化的亮暗控制	成本相对直接显示产品要低，可区域调光，提升显示对比度和色彩饱和度，具有轻薄、宽色域、高对比度的优势	主要用在电视、车载显示器、平板电脑、笔记本电脑、台式计算机等 100 英寸以下的产品

如图 6.5 所示，2011～2021 年各大创新主体对 Mini LED 技术的研究热点主要布局在芯片、封装、显示屏、背光几个方面。其中，芯片的研究

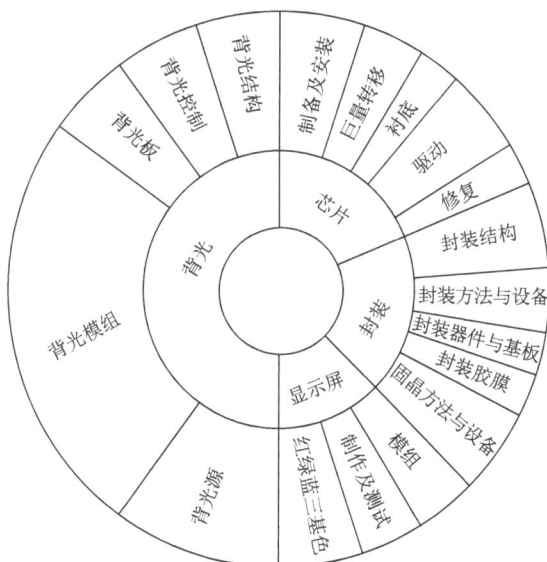

图 6.5 2011～2021 年 Mini LED 显示技术专利研究热点

重点包括制备及安装、巨量转移、衬底、驱动、修复等；封装的研究重点包括封装结构、封装方法与设备、封装器件与基板、封装胶膜、固晶方法与设备等；显示屏的研究重点集中在模组、制作及测试、红绿蓝三基色等方面；背光的研究重点集中在背光源、背光模组、背光板、背光控制、背光结构等方面。

6.2.2　技术专利分布

如图 6.6 所示，1996～2021 年全球 Mini LED 技术专利布局最多的是中国市场，相关专利的公开量为 910 件，占全球专利公开总量的八成之多；世界知识产权组织 Mini LED 技术相关专利的公开量为 46 件，占全球专利公开总量的 4.44%；美国 Mini LED 技术相关专利的公开量为 26 件，占全球专利公开总量的 2.51%。

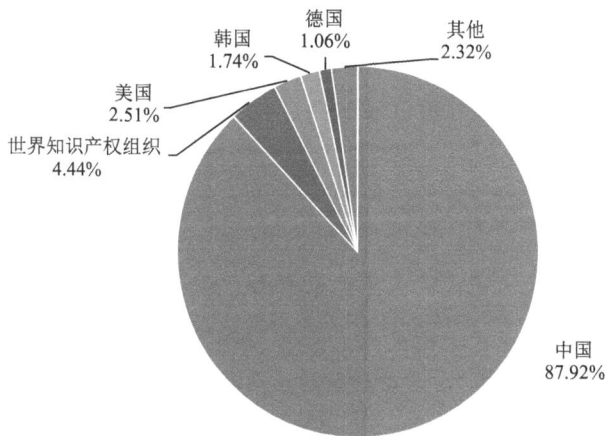

图 6.6　1996～2021 年全球 Mini LED 技术专利分布

如图 6.7 所示，中国 Mini LED 显示技术专利的技术领域布局较为广泛，覆盖了 H01L（半导体器件；其他类目中不包括的电固体器件）、G02F（用于控制光的强度、颜色、相位、偏振或方向的器件或装置）、G09F（显示；

广告；标记；标签或铭牌；印鉴）、G09G（对用静态方法显示可变信息的指示装置进行控制的装置或电路）、H05K（印刷电路；电设备的外壳或结构零部件；电气元件组件的制造）、F21V（照明装置或其系统的功能特征或零部件；不包含在其他类目中的照明装置和其他物品的结构组合物）、F21Y（涉及光源的构成或类型等）等多个领域，涉及了背光模组、显示器制造、显示控制、芯片和显示元器件等细分技术点。

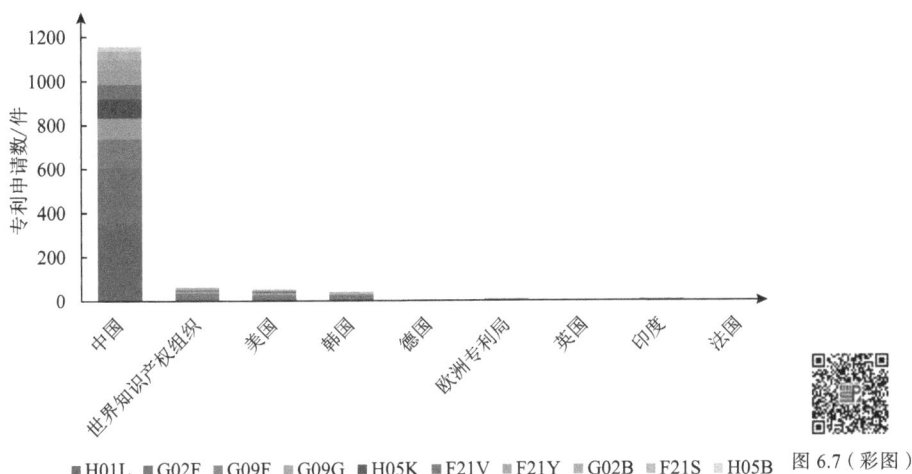

■H01L ■G02F ■G09F ■G09G ■H05K ■F21V ■F21Y ■G02B ■F21S ■H05B   图6.7（彩图）

图6.7　1996～2021年全球Mini LED显示技术专利布局

H01L——半导体器件；其他类目中不包括的电固体器件；G02F——用于控制光的强度、颜色、相位、偏振或方向的器件或装置；G09F——显示；广告；标记；标签或铭牌；印鉴；G09G——对用静态方法显示可变信息的指示装置进行控制的装置或电路；H05K——印刷电路；电设备的外壳或结构零部件；电气元件组件的制造；F21V——照明装置或其系统的功能特征或零部件；不包含在其他类目中的照明装置和其他物品的结构组合物；F21Y——涉及光源的构成或类型等；G02B——光学元件、系统或仪器；F21S——非便携式照明装置或其系统；专门适用于车辆外部的车辆照明设备；H05B——电热、电照明

其他国家及地区的Mini LED技术的专利布局数量相对较少，研究重点相对集中。如美国相关专利的技术领域主要包括H01L和G02F，侧重于显示元器件、显示器的制造方法研究；韩国相关专利的技术领域主要包括H01L和G02B（光学元件、系统或仪器），侧重于背光单元、显示模块的制造方法研究。

6.2.3　主要技术创新主体与合作网络

　　如表 6.4 所示，1996~2021 年 Mini LED 技术创新主体专利申请量排名前 20 位的申请人中，仅有苏州大学 1 家为高校型申请人，其余申请人均为企业型，可见企业是 Mini LED 技术的主要技术创新主体。从申请人所属国来看，除乐曼斯（LMS）公司 1 家比利时企业以外，其余 19 位申请人均属于中国，说明中国在 Mini LED 技术领域的研究水平处于国际领先地位。从专利申请量来看，排名前 3 位的依次是 TCL 华星光电、京东方及隆利科技，其专利申请量依次为 98 件、35 件和 34 件，可见 TCL 华星光电在 Mini LED 技术领域的研发实力相对较强。

表 6.4　1996~2021 年 Mini LED 技术创新主体专利申请量（排名前 20 位）

申请人	专利申请量/件	国家
TCL 华星光电技术有限公司	98	中国
京东方科技集团股份有限公司	35	中国
深圳市隆利科技股份有限公司	34	中国
深圳创维 RGB 电子有限公司	23	中国
福建华佳彩有限公司	15	中国
先进光电器材（深圳）有限公司	14	中国
安徽芯瑞达科技股份有限公司	14	中国
富盛光电（吴江）有限公司	14	中国
乐曼斯公司	14	比利时
广东晶科电子股份有限公司	12	中国
深圳市南极光电子科技股份有限公司	12	中国
深圳 TCL 新技术有限公司	11	中国
东莞市中麒光电技术有限公司	10	中国
博讯光电科技（合肥）有限公司	10	中国
厦门天马微电子有限公司	9	中国
广州市鸿利显示电子有限公司	8	中国
深圳市思坦科技有限公司	8	中国
深圳新益昌科技股份有限公司	8	中国
福建兆元光电有限公司	8	中国
苏州大学	7	中国

从主要技术创新主体的专利布局来看，TCL 华星光电主要围绕中小尺寸显示器件，包括车载、笔电、平板电脑、VR 显示面板等高端显示产品开展 Mini LED 背光技术的研究。2021 年 7 月，TCL 华星光电发布了全球首款曲面 34 寸 Mini LED 电竞显示器，这款显示器的曲面 Mini LED 显示模组由隆利科技和 TCL 华星光电联合开发，双方就各自擅长领域进行定向研发，成功攻克了 Mini LED 曲面显示难题，最终实现该款显示产品的研发和量产。

京东方基于玻璃基技术开展 Mini LED 显示屏的相关研究，其全新玻璃基主动式 Mini LED 产品于 2021 年 6 月起正式量产。该产品基于行业领先的玻璃基显示工艺和先进的微米级封装工艺，采用主动式驱动方式，可实现 1000 坎德拉/米 ^{2} 高亮度、百万级超高对比度和 115%NTSC 超高色域，具有无屏闪、低功耗等优势，还可实现纯黑无缝拼接。

隆利科技主要攻克 Mini LED 相关的背光显示模组制造技术。公司的 Mini LED 背光显示技术在车载显示领域已经实现突破，当前公司的 Mini LED 车载显示产品，已应用于仪表、中控、空调、内置后视镜显示等多种车载显示组件上，布局了多条车载线体并具备量产能力。凭借产品技术和研发技术优势，公司的车载背光模组产品（LED 技术和 Mini LED 技术）已经获得国内外著名车企的认可，并与多家知名模组厂达成合作，如海微科技、远峰科技、佛吉亚、伟世通、德赛西威、航盛电子、瀚宇彩晶、TCL 华星光电、信利、京东方精电汽车电子等。

从 IncoPat 科技创新情报平台专利数据库下载 1996～2021 年全球 Mini LED 领域相关专利的题录信息，对专利申请人字段做共现分析，并利用 VOSviewer 软件进行合作网络分析，得到以下结论。从技术创新主体的合作情况来看，Mini LED 显示技术的联合创新相对较少，且主要是企业与企业、企业与高校之间的合作。江西省晶能半导体有限公司与江西省昌大光电科技有限公司共同申请了 Mini LED 背光器件及其制备方法的相关专利；苏州大学、苏大维格光电科技股份有限公司与盐城维旺科技有限公司在 Mini LED 微透镜匀光片、扩散片、背光模组等方向联合布局了专利申请；

东南大学、南京工程学院与南京贝迪新材料科技股份有限公司围绕新型显示用量子点光学膜及其制备方法和应用展开了合作研究；武汉精立电子技术有限公司与武汉精测电子集团股份有限公司虽然共同申请了 Mini LED 显示屏像素检测与修复的相关专利，但武汉精立电子技术有限公司为武汉精测电子集团股份有限公司的全资子公司，说明双方的合作仅局限于公司内部的关联创新。

6.2.4 技术演化规律与趋势

从技术布局的角度来看，Mini LED 技术的研究重点主要包括上游环节的芯片和驱动 IC、中游环节的封装和背板以及下游环节的应用（潘岩松，2022）。

芯片方面主要面临芯片微缩化、红光倒装芯片、一致性和可靠性提升几个技术难点：①芯片微缩化要求 Mini LED 的芯片尺寸达到 200 微米以下，这对 LED 芯片生产过程中的光刻和蚀刻提出了更高的要求，在小尺寸芯片情况下，焊接面的平整度、电极结构的设计、易焊接性以及对焊接参数的适应性、封装宽容度都是芯片设计的难点与重点；②由于倒装芯片无须打线，适合 Mini LED 超小空间密布的需求，因此目前的 Mini LED 全部采用倒装芯片结构，现阶段蓝绿光倒装 LED 芯片生产较为成熟，但是红光倒装 LED 芯片技术难度高，加之需要进行衬底转移，使得芯片在转移过程中保持生产良率和可靠性更为困难；③Mini LED 芯片作为显示芯片对产品一致性和可靠性的要求较高，一致性指标包括小电流一致性、不通电流下一致性、高低位一致性、颜色均匀一致性、电容小且一致性等，而由于 Mini LED 显示屏具有使用环境复杂、维修难度较高等特征，因此，相关产品对 Mini LED 芯片的可靠性要求也相对更高。

驱动 IC 方面主要存在电流控制与散热、区域调光等技术难题：①Mini LED 点间距的微缩化提高了驱动 IC 对电流精准控制的难度，加上驱动 IC 和 LED 芯片的数量增多会使得 PCB 背板快速散热变得更加困难，从而导致驱动 IC 模块产生偏色的问题，因此高集成和低功耗的驱动 IC 将是显示屏驱动 IC 的发展方向；②对于 Mini LED 的背光应用来说，目前的静态调光技术存在需要串联 IC 数量多、驱动电路成本高昂、背光刷新频率低且容易有闪烁感等问题，已经难以满足新型 Mini LED 背光技术的需求，区域调光的驱动 IC 恰好可以弥补静态调光的缺点,但是在采用区域调光的方案时，还面临 Mini LED 背光分区亮度和均匀度、刷新频率、背光光效的提升，高集成度、精细调光分辨率等一系列问题。

封装方面的技术难点包括高效率固晶与贴片、薄型化封装、提高可靠性与良率：①传统锡膏固晶容易导致芯片焊接漂移，孔洞率增大，无法满足 Mini LED 的高精度要求，且传统贴片机在对 P1.0 以下 Mini LED 封装器件进行贴片时，必须将贴片速度降低到原有贴片速度的 30%～50%，才能满足 Mini LED 的精度要求,这将极大地降低显示屏的生产制造效率;②Mini LED 作为背光时要求产品越薄越好，但是当 PCB 厚度低于 0.4 毫米时，在回流焊、注塑成型工艺中，由于树脂基材与铜层热膨胀系统不同，会诱发芯片虚焊，而注塑成型封装过程中，封装胶与 PCB 热膨胀系数不同也会导致胶裂；③Mini LED 芯片的微缩化使得相应的封装器件成倍增长,导致 Mini LED 维修难度和成本提高，因此，Mini LED 封装器件需要具备相对高的可靠性。

背板方面的技术研究主要集中在 PCB 背板和玻璃基板两个方向：①在 Mini LED 轻薄化的前提下，显示和背光效果的高要求对 PCB 背板的厚度均匀性、平整性、对准度等加工精度都提出了新的挑战，再加上 PCB 背板上有大量的 LED 芯片和驱动 IC，这就需要背板的熔点（Tg 点）要高于220℃，而 PCB 背板在 Mini LED 加工过程中需要受到各种外力，为了保持背板的厚度均匀性、尺寸稳定性等，还需要背板具有较高的耐撕拉强度、耐湿热性等物理特性；②玻璃基板散热性强、刚性好，可有效应用于密度较高的 Mini LED 焊接，满足复杂的布线需要，但存在易碎、良率较低、规模瓶颈等问题，现阶段玻璃基 Mini LED 产品良率要远远低于 PCB 基 Mini LED 产品。

基于芯片、驱动 IC、封装、背板等细分领域的技术发展现状与瓶颈，国内外 Mini LED 厂家未来的技术重点将布局在调节芯片出光、巨量转移技术、板上芯片封装技术、柔性基板等方向，并瞄准节能、高清、大屏的消费需求，结合 5G、云计算等 IT，向通用显示到专业显示，再到创意显示的应用场景逐步拓展 Mini LED 显示技术的市场范围和产品类型（卢梦琪，2021）。Mini LED 显示技术发展现状与趋势情况如图 6.8 所示。

		发展现状	发展方向
上游	芯片	➤芯片微缩化对光刻和蚀刻提出了更高的要求 ➤蓝绿光倒装LED芯片生产较为成熟，但红光倒装LED芯片技术难度高 ➤一致性和可靠性要求高，现阶段技术匹配度不够	➤调节芯片出光，实现超薄设计：在传统的背光芯片上增加优化膜层，扩展芯片出光角度，从而使得LED芯片的出光更加均匀，有效提升显示效果 ➤发展激光巨量转移技术
	驱动IC	➤驱动IC对电流的精准控制及PCB快速散热存在困难，热量会使驱动IC模块产生偏色的问题 ➤区域调光的驱动IC可以弥补静态调光的缺点，但面临背光光效、精细调光分辨率等问题	➤研发高集成和低功耗的驱动IC ➤采用区域调光替代静态调光技术
中游	封装	➤传统锡膏固晶容易导致芯片焊接漂移，孔洞率增大，无法满足Mini LED的高精度要求 ➤薄型化封装存在瓶颈，在回流焊、注塑成型工艺中，由于树脂基材与铜层热膨胀系数不同，会诱发芯片虚焊、胶裂 ➤封装器件成倍增长，可靠性与良率仍需提高	➤发展板上芯片封装技术，直接将LED裸芯片封装到模组基板上，然后进行整体模封，提高全彩LED模组的可靠性和稳定性
	背板	➤PCB背板上有大量的LED芯片和驱动IC，为了保持背板的厚度均匀和尺寸稳定性，还需要背板具有较高的耐撕拉强度、耐湿热性等特性 ➤玻璃基板散热性强、刚性好，可与Mini LED有效焊接；但易碎，良率较低	➤Mini LED背光+LCD：使用主动式矩阵TFT电路来驱动的主动式Mini LED架构 ➤研发具有高耐热性的柔性基板，实现类似OLED的曲面显示
下游	应用	➤通用显示：信息屏、广告屏　➤专业显示：会议一体机、影院屏大屏幕拼墙、消费电视	➤创意显示：透明屏、影院用线性屏
技术趋势		发展现状	发展方向

图 6.8　Mini LED 显示技术发展现状与趋势

6.3　Micro LED 显示技术创新态势

6.3.1　技术前沿与热点

Micro LED 显示技术的原理是将 LED 结构设计进行薄膜化、微小化、阵列化，其尺寸仅在 1～10 微米等级，然后再将 Micro LED 芯片批量式转移至电路基板上，并利用物理沉积制程完成保护层和电极制作，最后进行上基板的封装后完成显示。Micro LED 与 OLED、QLED 一样，都属于主动发光式显示技术，但 Micro LED 显示使用的是无机 GaN 类的 LED 芯片，其发光性能更加优异，使用寿命也更长（王伟等，2023）。

Micro LED 技术工艺按照实现方式的不同，可以分为芯片级焊接（chip bonding）、外延级焊接（wafer bonding）和薄膜转移三种（表 6.5）。芯片级焊接是将 LED 直接切割成微米等级的 Micro LED 芯片，再利用表面贴装技术或板上芯片封装技术，将微米等级的 Micro LED 芯片一颗一颗键结于显示基板上。外延级焊接是在 LED 的磊晶薄膜层上利用感应耦合等离子蚀刻，直接形成微米等级的 Micro LED 磊晶薄膜结构，再将 LED 晶圆（含磊晶层和基板）直接键结于驱动电路基板上，最后使用物理或化学机制剥离基板，仅剩 Micro LED 磊晶薄膜结构于驱动电路基板上形成显示划素。薄膜转移是通过剥离 LED 基板，以一个暂时基板承载 LED 外延薄膜层，再利用感应耦合等离子蚀刻，形成微米等级的 Micro LED 外延薄膜结构；或者先利用感应耦合等离子蚀刻，形成微米等级的 Micro LED 外延薄膜结构，再使用物理或化学机制剥离 LED 基板，以一个暂时基板承载 LED 磊晶薄膜结构，最后利用具有选择性的转移治具，将 Micro LED 磊晶薄膜结构进行批量转移，链接于驱动电路基板上形成显示画素。

表 6.5 Micro LED 不同制程技术特征

制程种类	芯片级焊接	外延级焊接	薄膜转移
基板尺寸限制	无	小尺寸	无
间距可否调整	可以	不可以	可以
批量转移	不可以	可以	可以
应用厂商	索尼	Leti\ITRI	勒克斯维（苹果）

如图 6.9 所示，2011～2021 年 Micro LED 显示技术专利研究热点主要布局在芯片、封装、背板、显示屏几个方面。其中，芯片的研究重点包括

外延、衬底、倒装、焊接、巨量转移等；封装的研究重点包括器件、结构、固晶、胶膜等；背板的研究重点集中在驱动、测试修复、玻璃、PCB、接合等方面；显示屏的研究重点集中在全彩化、柔性、制作、模组。

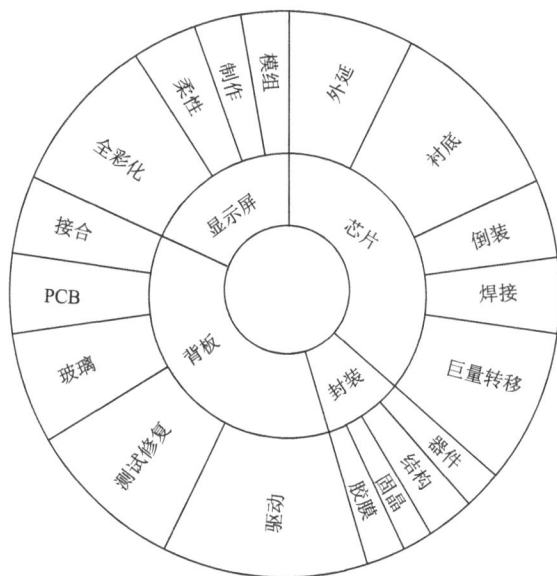

图 6.9 2011～2021 年 Micro LED 显示技术专利研究热点

6.3.2 技术专利分布

如图 6.10 所示，中国是 2000～2021 年全球 Micro LED 显示技术专利布局最多的国家，中国相关专利的公开量高达 1773 件，占全球专利公开总量的 47.56%；美国排名第二，Micro LED 显示技术相关专利的公开量为 672 件，占全球专利公开总量的 18.03%；韩国排名第三，Micro LED 显示技术相关专利的公开量为 472 件，占全球专利公开总量的 12.66%。

美国是全球 Micro LED 显示技术最发达的国家，具有专利布局较早和企业并购活跃的产业特点，相关专利的技术研究重点集中在微转印、流体装配等转移工艺方面。2006 年，美国伊利诺伊大学就已经将微传输打印技

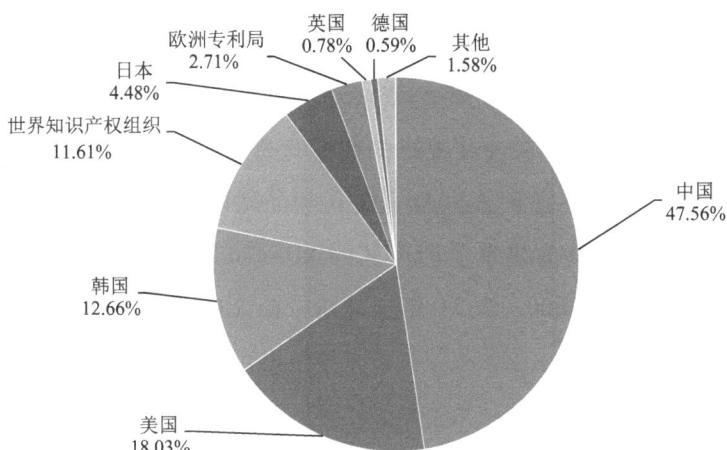

图 6.10　2000～2021 年全球 Micro LED 显示技术专利分布

术的早期研究成果转移给当时的初创企业森普瑞斯（Semprius），后来该技术被艾克斯瑟乐普林特（X-Celeprint）获得，目前已经实现了晶圆级器件在 1 微米精度下的批量打印转移。2014 年，苹果公司在台湾竹科龙潭园区设立了 Mini LED 和 Micro LED 研发实验室；2020 年，苹果公司又投资约 100 亿新台币（约 3.34 亿美元）在台湾竹科龙潭园区再建设新厂，用于生产 Mini LED 和 Micro LED 显示面板。

日本和韩国的 Micro LED 显示技术的专利布局相对集中在大屏显示领域，这与两国的大型显示龙头企业不断开发新品、积极抢占 Micro LED 市场息息相关。索尼于 2012 年推出了第一台由 600 万颗 LED 构成的 55 英寸 Micro LED 电视样品——Crystal LED Display，开启了 Micro LED 在消费电子应用的先河。由于造价昂贵，直到 2016 年才第二次推出 p1.26 的 Micro LED 拼接显示器 CLEDIS（Crystal LED Integrated Structure），亮度达到 1000 坎德拉/米 ^{2}。2018 年，三星电子推出 146 英寸的电视墙，并在技术研发方面与三安光电建立了 Micro LED 战略合作关系。

中国 Micro LED 显示相关专利的技术布局较广，涉及了芯片制备、转移工艺、键合驱动、全彩化、测试修复等多个方面。2016 年 12 月，台湾工业技术研究院成立了"巨量微组装产业推动联盟"，在 Micro LED

工业化前瞻布局方面走到了世界前沿。2019 年 12 月，重庆康佳光电技术研究院有限公司与联建光电合资成立监理公司，共同推进 Mini LED 及 Micro LED 新技术在公共视讯的商业化进程。2020 年 3 月，利亚德与台湾晶元光电共同注资成立合资公司利晶微电子，合作研发和生产以倒装封装、巨量转移为主要生产工艺的 Mini LED 背光显示、Mini/Micro 自发光显示产品。2000～2021 年全球 Micro LED 显示技术专利布局如图 6.11 所示。

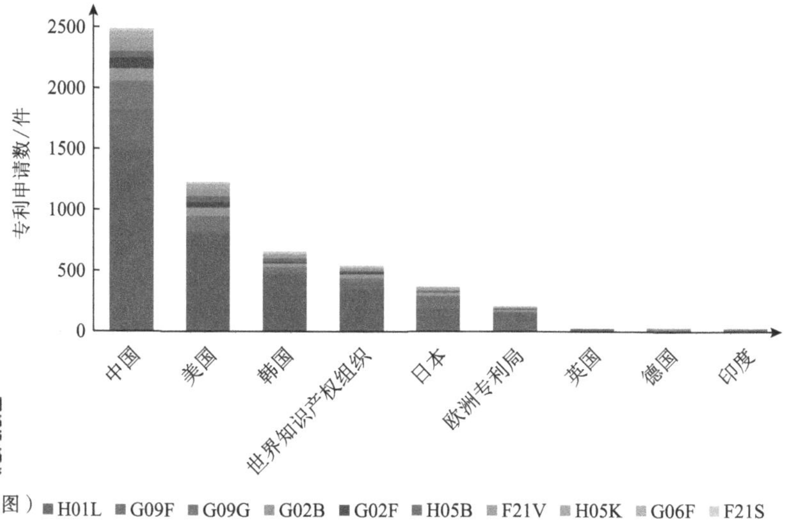

图 6.11（彩图）■H01L ■G09F ■G09G ■G02B ■G02F ■H05B ■F21V ■H05K ■G06F ■F21S

图 6.11　2000～2021 年全球 Micro LED 显示技术专利布局

H01L——半导体器件；其他类目中不包括的电固体器件；G09F——显示；广告；标记；标签或铭牌；印鉴；G09G——对用静态方法显示可变信息的指示装置进行控制的装置或电路；G02B——光学元件、系统或仪器；G02F——用于控制光的强度、颜色、相位、偏振或方向的器件或装置；H05B——电热、电照明；F21V——照明装置或其系统的功能特征或零部件；不包含在其他类目中的照明装置和其他物品的结构组合物；H05K——印刷电路；电设备的外壳或结构零部件；电气元件组件的制造；G06F——电数字数据处理；F21S——非便携式照明装置或其系统；专门适用于车辆外部的车辆照明设备

6.3.3　主要技术创新主体与合作网络

如表 6.6 所示，2000～2021 年 Micro LED 技术创新主体专利申请量排名前 20 位的申请人，仅有南方科技大学、武汉大学 2 个主体为高校型申请人，其余均为企业型申请人，可见 Micro LED 显示技术的创新动力主要来

源于市场驱动。从申请人所属国来看，中国申请人有 10 家，美国企业有 5
家，韩国企业有 4 家，日本企业有 1 家。排名前 3 位的依次是中国京东方、
中国 TCL 华星光电以及韩国普因特工程有限公司（Point Engineering），
前 3 名申请人的专利申请量依次为 161 件、146 件和 118 件。此外，专利
申请量达到百件的还有韩国的三星电子、乐金电子以及流明斯（LUMENS）
株式会社三家公司。相较于 Mini LED 显示技术，申请 Micro LED 显示技
术相关专利的头部企业较多，研发实力相当。

表 6.6　2000～2021 年 Micro LED 技术创新主体专利申请量（排名前 20 位）

申请人	专利申请量/件	国家
京东方科技集团股份有限公司	161	中国
TCL 华星光电技术有限公司	146	中国
普因特工程有限公司	118	韩国
三星电子公司	110	韩国
乐金电子公司	104	韩国
流明斯株式会社	100	韩国
歌尔股份有限公司	89	中国
重庆康佳光电技术研究院有限公司	75	中国
夏普堺工厂	62	日本
深圳市思坦科技有限公司	61	中国
苹果公司	61	美国
脸书公司	42	美国
英特尔公司	33	美国
勒克斯维公司	30	美国
南方科技大学	30	中国
北京德瑞工贸有限公司	25	中国
香港北大青鸟显示有限公司	24	中国
上海天马微电子有限公司	23	中国
武汉大学	23	中国
艾克斯瑟乐普林特	22	美国

从主要技术创新主体的专利布局来看，三星电子、京东方以及乐金电子等显示领域的头部企业主要围绕大屏显示设备制造、产品生产率提高、模块显示效率优化等方向进行 Micro LED 技术的创新研究；TCL 华星光电重点发展 Micro LED 相关的柔性显示技术，力求实现极致全面屏并降低 Micro LED 面板的制作成本和复杂度；苹果公司则主攻小屏显示、智能穿戴电子等方向的技术创新，并依靠苹果生态吸引手机、可穿戴电子等领域的客群，形成差异化的竞争优势（耿怡，2021）；脸书通过收购傲库路思公司，并积极布局 VR 头戴式设备相关的 Micro LED 技术，加快其突破元宇宙关键核心技术之一的 XR 技术的步伐。

从 IncoPat 科技创新情报平台专利数据库下载 2000～2021 年全球 Micro LED 领域相关专利的题录信息，对专利申请人字段做共现分析，并利用 VOSviewer 软件进行合作网络分析，得到以下结论。从技术创新主体的合作情况来看，Micro LED 显示技术的联合创新相对较少，且主要是集团内部的关联创新。TCL 华星光电为广东聚华印刷显示技术有限公司的股东之一，而广东聚华印刷显示技术有限公司、TCL 华星光电与 TCL 科技集团股份有限公司在 Micro LED 显示器件及其制作方法上共同申请了相关专利；南京中电熊猫平板显示科技有限公司、南京中电熊猫液晶显示科技有限公司与南京华东电子信息科技股份有限公司在 Micro LED 显示面板检测方法、巨量转移技术等方向联合布局了专利申请，而三家公司均为南京中电熊猫信息产业集团有限公司的子公司；京东方与其子公司合肥鑫晟光电科技有限公司围绕背板、背光模组、Micro LED 显示面板及巨量转移方法等方面展开了合作研究；昆山国显光电有限公司与其全资子公司昆山工研院新型平板显示技术中心有限公司共同申请了 Micro LED 芯片及驱动背板制备方法、Micro LED 像素单元器件结构的相关专利。

6.3.4　技术演化规律与趋势

从技术演化规律来看，由于 Micro LED 显示技术在各个环节所面临的技术瓶颈是共性的，因此，Micro LED 技术的整体演化路径遵循着精度→良率→效率→成本的发展规律。其中，精度指标是 Micro LED 显示技术成立的前提，精度的高低直接关系到 Micro LED 显示产品性能的高低；在保证精度的前提下，良率和效率是降低成本的最重要因素，也是 Micro LED 技术大规模产业化的前提。目前 Micro LED 各环节基本处于提升精度的阶段，距离良率和效率提升阶段仍有一段距离（蔡月飞等，2021）。

从技术发展趋势来看，虽然 Micro LED 显示技术在显示效果、使用寿命、可靠性等方面具有显著优势，但该技术尚不成熟，在芯片、背板、巨量转移、全彩化、检测维修等方面仍然存在一些技术瓶颈。

在芯片技术方面，现阶段 Micro LED 晶圆的波长一致性不满足量产化需求。而且随着芯片尺寸的缩减，发光效率急速降低。在器件构造过程中，感应耦合等离子体刻蚀会造成芯片侧壁的损伤，进而影响芯片发光特性和可靠性。

在背板技术方面，消费电子领域 Micro LED 技术使用的背板有印刷电路板和玻璃基板两种。由于印刷电路板的膨胀收缩比率较大，且容易翘曲，因此会造成巨量转移效果不良。玻璃基板的尺寸稳定性好，但其横向和纵向尺寸变化非等向，对加工工艺要求高。

在巨量转移技术方面，目前 Micro LED 的巨量转移技术主要有静电吸附、相变化转移、流体装配、转印、磁力吸附、范德瓦耳斯力转印、激光转移几种技术。巨量转移技术面临的共性问题就是精度，要求转移精度为±1 微米，并具有极高的良率。

在全彩化技术方面，Micro LED 的全彩化技术主要有红绿蓝三基色LED 法、紫外光/蓝光 LED+发光介质法、光学透镜合成法和特殊结构法。其中，红绿蓝三基色 LED 法用于大像素显示构造时，巨量转移的芯片数量多、难度大，且红光 LED 效率不高；紫外光/蓝光 LED+发光介质法则对转光材料的可靠性和波长一致性有很高的要求，而目前的荧光粉材料颗粒尺寸大，易造成沉积不均匀，但量子点材料尺寸小时，存在稳定性较差且寿命短等问题；光学透镜合成法虽然简单，但是使用范围窄，仅适用于投影仪的构建。特殊结构法虽然能够同时避免使用高成本的巨量转移和色转换材料，但是该技术尚处在研究阶段，并不成熟，可作为未来全彩化技术的一个突破口（宋德宇等，2022）。Micro LED 显示技术的发展现状与趋势如图 6.12 所示。

技术 / 趋势	发展现状	发展方向
微缩芯片制备	➤现阶段Micro LED晶圆的波长一致性不满足量产化需求 ➤随着芯片尺寸的缩减，发光效率急速降低 ➤在器件构造过程中，感应耦合等离子体刻蚀会造成芯片侧壁的损伤，进而影响芯片发光特性和可靠性	➤在外延制备、光致发光、光刻、ITO、蚀刻、磊晶剥离、电测等环节提高精细化工艺水平、提升良率 ➤通过添加反射膜、引入光提前结构等方式，提升外部量子效率 ➤突破倒装LED芯片工艺，促进芯片微缩化、增强光效
巨量转移	➤转移需求巨大、转移效率达不到预期 ➤尚未形成规模效应，前期技术投入高，生产工艺及效率提升面临瓶颈，技术门槛较高 ➤检测需求较大，单颗晶粒不良将导致整体显示屏报废，影响生产效率及成本把控，现阶段检修修复配套能力仍需加强	➤静电吸附、相变化转移、流体装配、转印、磁力吸附、范德瓦耳斯力转印、激光转移差异化突破，提高转移效率，实现规模效应 ➤突破光致发光测试、电致发光测试技术，提高良率检测效果
色彩化显示	➤红绿蓝三基色LED法：受阻于驱动芯片，实际输出电流与理论电流偏差会导致像素呈现色彩偏差 ➤紫外光/蓝光LED+发光介质法：荧光粉吸取部分能量，降低转化率；同时荧光粉涂层厚薄不均，影响显示效果 ➤光学透镜合成法：系统光路复杂，导致其在手机、手表等高度集成的消费电子领域应用受限	➤提高红光LED效率、晶粒光效、波长的一致性以及良率 ➤突破荧光粉材料颗粒尺寸大易造成的沉积不均匀问题；突破量子点材料尺寸小，但是稳定性较差且寿命短的问题 ➤研究特殊结构法，避免使用高成本的巨量转移和色转换材料

图 6.12　Micro LED 显示技术发展现状与趋势

第7章　中国光显示技术国际竞争力比较分析

7.1　中国光显示技术总体发展环境

7.1.1　政策环境

2016 年以来，国家有关部门相继出台了支持光显示产业的一系列相关政策，做好顶层设计，通过规范布局、动态调整，对我国光显示产业高质量发展起到了重要的引导和推动工作。近年来，国内推出的光显示产业相关政策包括各年度的《"战略性先进电子材料"重点专项项目申报指南》《关于新型显示器件及上游关键原材料、零部件生产企业进口物资税收政策的暂行规定》《激光电视技术规范》等，涉及 LCD、OLED、LD、Micro LED 等多个细分领域，具体情况如表 7.1 所示。

表 7.1　2016 年以来我国光显示产业相关政策

政策	相关内容	发布年份	细分领域
《"战略性先进电子材料"重点专项 2016 年度项目申报指南》	围绕新型显示等 4 个方向部署 35 个任务，专项实施年限为 2016～2020 年；面向 LD 的关键材料与技术基础研究、LD 整机研发与表征评估	2016	LD
《关于新型显示器件及上游关键原材料、零部件生产企业进口物资税收政策的暂行规定》	2016 年 1 月 1 日到 2020 年 12 月 31 日，TFT-LCD 器件、OLED 显示面板等生产企业进口国内不能生产的自用生产性（含研发用）原材料和消耗品，免征进口关税，照章征收进口环节增值税	2016	LCD、OLED

续表

政策	相关内容	发布年份	细分领域
《"十三五"材料领域科技创新专项规划》	战略性电子材料技术以第三代半导体材料与半导体照明、新型显示为核心,以大功率激光材料与器件、高端光电子与微电子材料为重点,第三代半导体材料与半导体照明、新型显示两大核心方向整体达到国际先进水平,部分关键技术达到国际领先水平;大功率激光材料与器件、高端光电子与微电子材料两大重点方向关键技术达到国际先进水平	2017	LD
《关于新型显示器件及上游关键原材料、零部件生产企业进口物资税收政策的暂行规定》	调整了附1、2、4、5所列进口物资清单,包括TFT-LCD器件、OLED显示面板、彩色滤光膜、偏光片几个领域	2018	LCD、OLED
《激光电视技术规范》	规定了激光电视的定义、技术要求、测量方法等。该标准明确提出了激光电视的概念,即采用激光前投影显示技术,配备专用投影幕,可接收广播电视节目或互联网电视节目的设备。同时,该标准还对亮度、对比度、白色色度不均匀性、色域覆盖率等14个产品性能指标以及测试方法做出了说明	2018	LD
《超高清视频产业发展行动计划(2019~2022年)》	支持面向超高清视频的新型显示器件等的开发和量产。加强4K/8K显示面板创新	2019	LCD、OLED
《工业和信息化部关于促进制造业产品和服务质量提升的实施意见》	推动IT产业迈向中高端。支持印刷及柔性显示创新中心建设,加强关键共性技术攻关,积极推进创新成果的商品化、产业化	2019	柔性OLED
《推动重点消费品更新升级 畅通资源循环利用实施方案(2019~2020年)》	重点突破柔性OLED显示、激光投影显示、量子点背光、小间距LED背光等新型显示技术,逐步实现超高清、柔性面板和新型背板量产,加快超高清视频关键系统设备产业化	2019	柔性OLED
《财政部 国家发展改革委 工业和信息化部 海关总署 税务总局关于2021~2030年支持新型显示产业发展进口税收政策管理办法的通知》	2021年1月1日到2030年12月31日,对TFT-LCD器件、Micro LED显示器件等新型显示器件,对新型显示产业的关键原材料、零配件的生产企业进口国内不能生产或性能不能满足需求的自用生产性原材料、消耗品,免征进口关税	2021	LCD、Micro LED
《关于发布国家重点研发计划"数字和应用研究"等"十四五"重点专项2021年度项目申报指南的通知》	裸眼3D显示核心光学器件和共性技术与架构的关键技术研发被纳入榜单,对显示屏屏体硬件的高刷新、高灰阶、高动态对比度、曲面/转角平滑过渡等有较高需求	2021	裸眼3D

政策	相关内容	发布年份	细分领域
《虚拟现实与行业应用融合发展行动计划（2022～2026 年）》	着力突破高性能、低功耗的 VR 专用处理芯片。推进 4K 以上新型微显示器件的规模量产，开发配套显示驱动芯片	2022	VR
《新产业标准化领航工程实施方案（2023～2035 年）》	提出研制 Micro LED 显示等关键技术标准，以及新一代显示材料、专用设备、工艺器件等关键产品标准	2023	Micro LED

除相关政策支持以外，近年来，国际电工委员会电子显示器件技术委员会（IEC/TC110）围绕液晶、等离子体、OLED、柔性、激光、电子纸以及触摸交互式显示器件制定了相关的试验方法标准。LCD 器件方面的标准包括无源矩阵单色 LCD 模块空白详细规范（IEC 61747-2-1：2013）、彩色矩阵 LCD 模块空白详细规范（IEC 61747-2-2：2014）、动态背光 LCD 模块测试方法（IEC 61747-30-4：2016）等；等离子体器件方面的标准主要是关于测试方法及图像质量的要求（IEC 61988-2-3：2009）；OLED 器件方面的标准包括术语和文字符号（IEC 62341-1-2：2014）、OLED 模块额定值和特性（IEC 62341-2-1：2015）等内容；柔性显示器件方面的标准主要涉及试验方法（IEC 62715-6-2、IEC 62715-6-3）；LD 器件方面的标准主要涵盖投影显示器的光学性能（IEC 62906-5-1）和图像质量（IEC 62906-5-3）的测量方法；电子纸和触摸交互式显示器件方面的标准主要与产品性能相关（IEC 62679-2、IEC 62908-12-20）。随着手表类显示器、头盔显示器、近眼显示器等产品的兴起，IEC/TC110 也逐步开始了可穿戴显示器件相关的标准研制工作，力求进一步规范和完善显示器件产品的标准环境。

7.1.2　经济环境

随着材料技术的发展，显示技术也从最初的 CRT 发展到 FPD，后来又延伸出 PDP、LCD、OLED 等技术路线。当前 LCD、OLED 已实现商业化，QLED、Mini LED、Micro LED 等新型显示技术百花齐放，为光显示产业市场的发展开辟了新的空间。

显示面板是光显示产业的重要载体，被广泛应用于显示器、电视、智能手机、笔记本电脑、平板电脑、汽车等领域。随着全球终端需求的持续增加，2015～2020 年，全球显示面板行业市场规模从 1.72 亿平方米增长至 2.42 亿平方米，年复合增长率为 7.1%。随着显示面板技术的发展和下游需求的增长，预计 2024 年全球显示面板市场规模将达到 2.74 亿平方米。

显示面板市场主要由 TFT-LCD 和 OLED 构成。目前全球显示面板市场规模呈持续稳定扩大趋势。2021 年，全球显示面板市场规模达到 9350 亿元，其中 TFT-LCD 面板保持稳定增长，市场规模达 6280 亿元，占比约 67.2%。在中小尺寸领域，OLED 面板渗透率持续走高。在 5G 高端旗舰手机全面导入柔性 OLED、可折叠智能手机快速发展等新趋势下，OLED 面板在智能手机中的应用将逐步扩大。2017 年，中小尺寸面板出货量近 25 亿片，其中 OLED 面板占比约 20%，2021 年 OLED 面板出货量占比达到 30%。在大尺寸领域，相较于 OLED，LCD 具有显著成本优势，因此 LCD 仍占据大尺寸领域的主导地位。

LCD 与 OLED 在生产过程中均会用到偏光片、玻璃基板、靶材、光掩膜版、光刻胶等产品。其中，偏光片市场规模超过 1100 亿元，玻璃基板全球市场将达到 310 亿元以上，靶材市场有望达到 550 亿元以上，光掩膜版全球市场规模约 86 亿元，光刻胶市场规模将达到 202 亿元，彩色滤光片市场规模约 235 亿元。此外，液晶与背光模组为 LCD 独有；有机发光材料为 OLED 独有。预计显示材料市场空间在 2025 年将接近 3000 亿元。

全球光电显示器件主要生产地集中在中国、日本、韩国等地，中国光电显示器件产业从无到有、从小到大，逐步成为全球光电显示器件市场的重要生长极。随着产业规模、市场占有率、技术创新等能力的持续提升，中国光电显示器件产业已具备全球领先的基础和条件。全球来看，亚太地区领先显示屏生产和消费，三星电子、乐金显示、索尼、夏普、松下等日韩企业做出重要贡献。全球光显示领域主要厂商包括：韩国三星电子、乐金显示、中国京东方、TCL 华星光电、天马微电子、信利国际、澳优光电、英诺电子，日本夏普、日本显示等。

7.1.3　社会环境

显示技术代替印刷技术成为知识、信息传播的主要途径，已有 100 多年的历史。尤其是近年来，IT 的迅速发展、绿色低碳可持续的发展理念、人们对显示设备色彩和实用性追求的不断提高，都促使着显示产品向多功能和数字化方向发展。因此，无论是从产业市场发展的内生需求，还是从信息化技术与产业融合发展的外在驱动来看，光显示技术向高分辨率、高亮度、彩色化、节能化、大屏幕的方向发展必将成为全社会所认可的趋势。

从内生需求来看，在大尺寸领域方面，电视消费趋势和显示技术创新一直围绕着"显示尺寸、分辨率、外观形态、观看体验"这 4 个维度不断迭代。市场主流的液晶电视正不断向超清、超薄、百寸级方向发展；异军突起的 LD 技术使电视从"有屏"到"无屏"，并以颠覆性创新打破成本桎梏，彩电市场的格局也随之改变；采用 Micro LED 显示技术的无边框智能显示屏、家用巨幕电视也在逐渐打开显示市场的大门。在中小尺寸方面，柔性 OLED 技术助力实现屏幕弯曲效果，消除手机左右边框对人眼造成的观感限制，使正面视觉冲击感更强，进一步满足消费者对手机视觉效果的高要求；裸眼 3D 显示、AR\VR 技术更是为手机、笔记本等显示产品重新赋能，为消费者带来更加立体、更加真实的场景体验，享受沉浸式的显示世界。

从外在驱动来看，一方面，IT 的快速发展，形成了智能制造、混合现实、大数据、AI 等几个典型的交叉领域，这些领域不仅需要可视化，而且需要身临其境的体验感，因此，光显示技术作为 IT 可视化的终端载体，就必须不断与时俱进，才能匹配 IT 与产业融合发展的客观需求；另一方面，大力优化一些细分光显示领域的节能技术，可以有效降低能耗，促进碳达峰、碳中和的实现，同时，IT 与光显示技术的融合发展，能够促进企业上云实现数字化、网络化、智能化转型，对贯彻绿色低碳循环发展的社会理念有着重要意义。例如，TCL 华星 Hi-HVA 技术采用高穿透像素设计及智能算法设计，搭载大视角补偿技术，可有效提升 8K 产品的穿透率，还能有效降低能耗；京东方充分发挥电子纸显示技术的优势，通过制造电子价签、电子桌牌等产品，以极低功耗的无纸化使用形式，减少了纸张使用，助力生态环保。

7.1.4 技术环境

目前，FPD 技术已经取代 CRT 技术的主流地位，成为显示器件最大众化的产品，但是 CRT 仍占据低端市场。而在 FPD 技术中，TFT-LCD、PDP 技术是最早进入大规模产业化的 FPD 技术。未来，LCD 将会更多地在 LED 背光源上投入研发精力，从成本、效率等因素上进行优化和改进。

OLED 技术虽处于发展期，但其因轻、薄、柔、低功耗以及优异的显示效果等优点，逐渐提升市场份额。OLED 总的发展路线是要逐步完成从小尺寸到大尺寸再到超大尺寸的转换、从单色到多色再到全彩的实现，以及从硬屏到软屏的突破。其中，大尺寸的应用是市场核心，有机发光材料、柔性基板以及封装工艺是研发重点，可穿戴式挠性显示的开发、卷对卷技术是亟待攻克的重要方向。

虽然 QLED 仍处于研发阶段，技术尚未成熟，但其产品一直作为各大公司竞相展出的撒手锏以及力压同行吸引消费者的噱头。

LD 技术目前处于发展期，虽已形成了一定的市场格局，但要进一步拓宽市场规模、扩大产业应用效益，还面临着红绿蓝三基色光源、超高清视频图像技术、配套关键材料与器件、总体设计与集成这四大关键难题。当前全球电视产业已进入更新换代大洗牌阶段，LD 技术是全面满足BT2020 国际超高清电视标准的技术，是下一代显示产业的主流，也是我国有可能自主可控发展的千亿元级大产业。未来，LD 技术将着力攻克4K/8K 超高分辨率显示芯片、超高清视频图像的获取/存储/处理/传输、人眼生物学特征和视觉心理特性等关键技术。

3D 显示的主要发展方向是裸眼 3D 显示技术，它可广泛应用于平板电脑、阅读器、学习机、娱乐设备等领域。此外，由于裸眼 3D 显示对观看者的角度及距离有一定要求，而全息投影突破了这一限制，因此裸眼立体显示将逐渐向全息投影方向发展。

Micro LED 显示发光效率高、寿命长、功耗低且响应快，可提供极高的色饱和度，能够广泛应用于手机、平板电脑、穿戴型设备等领域。Micro LED 是自发光显示的新选择，但其仍然面临 LED 固晶体工艺、LED 组件制作以及规模化转移等技术难题。此外，LCD 和 OLED 当前已采用了批次作业，良率表现相对于 Micro LED 来说更具有比较优势，因此 Micro LED 在批量生产及良率保证方面还有待提升。

VR 技术以效能高、成本低、传输快等特点被社会广泛关注，发展前景良好。我国 VR 技术研究的重点方向包括动态环境建模、实时 3D 图像生成和显示、人机交互设备研制等，相关技术尚处于摸索阶段。AR 技术是将计算机生成的虚拟信息叠加到用户所在的真实世界的一种新兴技术，其发展重点包括跟踪注册精度、显示设备性能以及人机交互的自然性。

7.2 光显示技术国内外生产竞争力比较分析

7.2.1 关键技术生产竞争力分析

在电子纸显示技术方面，中国相关企业数量最多。当前全球 95%以上的电子纸模组均在中国生产，主要分布在华东、西南、东北、华南等地区，随着电子纸产业的高速发展，未来将会有更多制造厂商加入，产业向更大规模发展。中国拥有模组制造厂商 10 家以上，TFT 背板以及驱动芯片也有多位重量级玩家加入并持续推进产业技术及产品性价比优化。在上游核心组件领域，电子墨水技术专利由元太科技掌握，元太科技在电子墨水市场的占有率居首；中国约有 20 多家 ITO 靶材企业，但国内高端市场用 ITO 靶材产品长期依赖进口，国内本土厂商生产的 ITO 靶材仅占市场的 30%，且主要供应中低端市场，而高端市场 ITO 靶材则主要由日本、韩国的企业把控，约占市场的 70%；光学胶企业主要集中在美、日、韩等国家，如美国的 3M、日本的三菱化学等，国外企业长期掌握着光学胶的核心技术，市场占有率超过 80%，而国内光学胶企业则尚处于产能规模较小、知名度较低的阶段。电子纸显示技术国内外生产竞争力对比如表 7.2 所示。

表 7.2　2021 年电子纸显示技术国内外生产竞争力对比

比较维度	国内	国外
企业情况	中国电子纸相关企业 546 家，数量最多	日本、美国电子纸相关企业数量分别位居第二、第三
产能情况	中国占据全球电子纸绝大部分产能，占比超过 95%	国外电子纸产能全球占比极低，小于 5%
产线增长速度	随着更多制造商的加入，中国电子纸产线增长速度全球居首	由于中下游受中国企业主导，国外电子纸产线增长速度不及国内
核心组件自产情况	在电子纸膜片、电子墨水方面，元太科技占据产能绝对主导地位；在 ITO 靶材方面，国内企业市场占有率较低，且主要供应中低端市场；在光学胶方面，国内企业市场占有率低，产能规模较小，且知名度较低	在电子纸膜片、电子墨水方面，落后国内企业；在 ITO 靶材方面，日、韩企业占据高端市场垄断地位；在光学胶方面，美、日、韩长期掌握核心技术，占据市场绝大部分份额

在 OLED 显示技术方面，中国相关企业达 3869 家，数量最多，但目前以三星电子及乐金显示为代表的韩国 OLED 面板企业在产能上仍然占据了约 88% 的份额。中国 OLED 出货面积增速迅猛，成为全球扩产主力，并有望成为全球最大的 OLED 面板生产地，如合肥、南京、昆山、上海、宁波等多个城市都有着明确的 OLED 产业发展目标和产业基地建设规划。目前我国在 OLED 上游终端材料上的布局相对薄弱，但在更上游的 OLED 中间体占据较高的产能份额。OLED 终端材料的技术壁垒较高，是 OLED 材料产业链中盈利最强的环节。OLED 显示技术国内外生产竞争力对比如表 7.3 所示。

表 7.3　2021 年 OLED 显示技术国内外生产竞争力对比

比较维度	国内	国外
企业情况	中国 OLED 相关企业达 3869 家，数量最多	美国、韩国 OLED 相关企业数量分别位居第二、第三
产能情况	中国 OLED 面板产能约占全球的 12%，排名第二，产能与第一名相差较大	以三星电子及乐金显示为代表的韩国 OLED 面板企业在产能上排名居首，占据了约 88% 的份额
产线增长速度	中国 OLED 产线增速迅猛，成为全球扩产主力军	国外 OLED 企业也在积极扩产，但增速不及中国企业
核心组件自产情况	国内企业在 OLED 中间体上占据了较高的产能份额；在 OLED 终端材料上生产能力较弱，受制于国外	国外企业在 OLED 中间体上产能较低；在 OLED 终端材料上掌握核心技术，壁垒较高，主要由德、美、日、韩企业控制

　　在 LD 技术方面，中国相关企业 294 家，数量最多，中国激光投影（包括激光电视）产能全球占比约 51%。在海信视像、长虹等龙头企业的拉动下，中国 LD 企业生产竞争力不断加强。中国 LD 企业在核心技术、核心部件等领域相继取得重大突破：抗光屏幕膜片已有菲斯特、光峰科技等多家品牌具备产业化能力，且产品性能快速迭代；超短焦镜头有联合光电等在内的多家企业实现量产；在光学镜片、精密结构件等领域已初步形成全产业链体系。但不应忽视的是，红绿蓝三基色激光器、超高清成像芯片等核心材料器件尚未实现自主可控，美、德、日、韩等国已围绕 LD 光源、成像芯片、投影镜头等核心材料和器件进行了长期布局，存在技术壁垒。LD 技术国内外生产竞争力对比如表 7.4 所示。

表 7.4　2021 年 LD 技术国内外生产竞争力对比

比较维度	国内	国外
企业情况	中国 LD 相关企业 294 家，数量最多	美国、日本 LD 相关企业数量分别位居第二、第三
产能情况	中国激光投影（包括激光电视）产能全球占比过半，达 51%	国外 LD 产能不及国内，美国约占全球产能的 30%，排名第二，日本约占 19%，排名第三
产线增长速度	在龙头企业的拉动下，中国 LD 产线增长显著，增速全球居首	国外企业主要集中在 LD 产业链上游，因此中下游 LD 产线增长缓慢

续表

比较维度	国内	国外
核心组件自产情况	抗光屏幕膜片已有菲斯特、光峰科技等多家品牌具备产业化能力,且产品性能快速迭代;超短焦镜头有联合光电等在内的多家企业实现量产;在光学镜片、精密结构件等领域,中国企业已经具备较强的配套能力,全产业链体系初步形成;红绿蓝三基色激光器、超高清成像芯片等核心材料器件尚未实现自主可控	美、德、日、韩等国已围绕 LD 光源、成像芯片、投影镜头等核心材料和器件进行了长期布局,在部分关键材料和器件方面存在技术壁垒

7.2.2 导向性技术生产竞争力分析

在 3D 显示技术方面,中国相关企业 830 家,数量位居全球第二。2021 年,全球 VR/AR 头显出货量 1123 万台,其中 VR 头显出货量达 1095 万台,突破年出货 1000 万台的行业重要节点。中国企业 VR/AR 出货量 191 万台,全球占比较低,但预计 2022~2026 年,中国企业 VR 头显出货量年均增长率为 69.4%,AR 头显出货量年均增长率为 109.9%,增长率高于全球平均水平。美国 Meta 公司凭借 Quest 2 产品,占据 2021 年全球 AR/VR 市场出货量的 78%;排在第二位的是乐相科技,其大朋 VR 子品牌在亚洲市场取得了巨大的成功,并在全球范围内占据 5.1%的出货份额;青岛小鸟看看以 4.5%的出货份额排名第三,在亚洲市场处于优势地位,并且在北美和西欧也表现出色,填补了 Meta 停产 Oculus Go 产品后留下的市场空白。目前国外企业在芯片、传感器领域的技术成熟度领先国内较多,但国内企业正处于加速追赶状态,国产芯片不断涌现,性能指标不断优化。3D 显示技术国内外生产竞争力对比如表 7.5 所示。

表 7.5 2021 年 3D 显示技术国内外生产竞争力对比

比较维度	国内	国外
企业情况	中国 3D 显示相关企业 830 家,数量位居全球第二	美国 3D 显示相关企业数量全球居首,韩国排名第三
产能情况	当前国内 3D 显示终端产能全球占比约 17%,排名第二	美国 3D 显示终端产能全球占比最高,其科技巨头 Meta 占据 3D 显示终端产能的 78%,处于主导地位

比较维度	国内	国外
产线增长速度	中国 3D 显示产线增长迅猛，增长率接近 70%，高于全球平均水平	国外 3D 显示产线增长较快，增长率接近 40%，低于中国企业扩产速度
核心组件自产情况	显示成像组件部分已实现国产化，芯片和传感器部分正在加速追赶	国外芯片、传感器领域技术成熟度高，装机量大，操作系统由安卓主导

在 Mini/Micro LED 显示技术方面，中国相关企业 483 家，数量居全球首位。2021 年，全球 Mini LED 背光终端产品产能约为 1630 万台，预计到 2026 年将增长至 3590 万台，其中高端电视的产能将由 440 万台增长至 2760 万台。中国企业 Mini LED 背光终端产品产能全球占比约为 20%。2021 年，韩国三星电子 Mini LED 高端电视出货量达 200 万台，占据全球高端电视产能的半壁江山。由于 Micro LED 产业尚处于商业化探索阶段，许多技术挑战与成本问题仍有待解决，昂贵的价格限制了 Micro LED 产能的扩大。与 Micro LED 相比，Mini LED 技术更成熟，更适合规模化运用。在 Mini/Micro LED 核心组件方面，中国承接了全球 LED 产业链转移，成为外延片主要供应国，国内少数头部企业占据产能的主要份额，2020 年中国 LED 芯片厂商 GaN-LED 外延片产量达 3097 万片/年（4 英寸片），占全球供应量的 76.7%，且这一比例仍保持上升趋势。不仅如此，中国已成为全球最大的 LED 封装生产基地，封装产值占全球比例超过 50%。Mini/Micro LED 显示技术国内外生产竞争力对比如表 7.6 所示。

表 7.6　2021 年 Mini/Micro LED 显示技术国内外生产竞争力对比

比较维度	国内	国外
企业情况	中国 Mini/Micro LED 相关企业 483 家，数量居全球首位	美国 Mini/Micro LED 相关企业数量全球排名第二，韩国排名第三
产能情况	当前国内 Mini LED 终端产品产能全球占比不高，约 20%，排名第三；但 LED 上游外延片和中游封装产能处于全球主导地位	以三星电子为代表的韩国 Mini LED 终端产品产能全球居首，约占 50%；美国排名第二，约占 25%
产线增长速度	中国承接全球 LED 产业链转移，全产业链整合加速，中低端产品产线增长较快，高端产线增速落后于韩国和美国	韩国和美国企业持续扩大高端 Mini/Micro LED 终端产能，高端产品产线增长较快
核心组件自产情况	上游外延片、LED 芯片等核心组件均可实现自产	上游核心组件以及中游封装主要从中国厂商采购

7.3 光显示技术国内外市场竞争力比较分析

7.3.1 关键技术市场竞争力分析

在电子纸显示技术方面，欧洲是全球最大的电子纸消费市场，约占全球市场规模的 54%，之后是美国和中国，分别占比约为 20% 和 16%。从产品角度看，12～36 英寸①电子纸占有最大比重，市场份额约为 58%。从应用方面来看，电子价签是最大的下游市场，约占 85% 的份额。元太科技作为电子纸产业龙头，完成了电子纸上中下游产业链的布局整合，营业收入和净利润连创新高，盈利能力在全行业中排名首位；其他国内企业主要布局产业链中下游，随着电子价签市场需求的扩大，盈利能力不断增强。国外企业主要作为产业链上游高端原材料的供应商，由于部分材料具有技术壁垒，其上游盈利能力较强，但中游模组和下游应用市场盈利能力较弱。电子纸显示技术国内外市场竞争力对比如表 7.7 所示。

表 7.7 2021 年电子纸显示技术国内外市场竞争力对比

比较维度	国内	国外
市场规模	国内市场规模全球占比较小，排名第三	欧洲市场规模最大，美国排名第二
产业链布局	国内部分龙头企业全产业链布局，其他多数企业集中在产业链中下游	依靠原材料技术壁垒，多数企业位于产业链上游
盈利能力	元太科技产业龙头地位稳固，盈利能力强；其他国内企业盈利能力稍弱，但后劲十足	国外上游高端原材料供应商盈利能力强，但中下游企业盈利能力较差

在 OLED 显示技术方面，中国是全球 OLED 的最大消费市场，约占全球市场规模的 65%，美国位居其次，欧洲排名第三。国内上游中间体材料厂商布局较多，但上游终端材料厂商布局较少，相对薄弱；中游面板模组

---

① 1 英寸=2.54 厘米。

企业众多，京东方、TCL华星光电等企业均在加紧布局，加速追赶韩国厂商三星电子和乐金显示两大巨头。作为全球显示面板龙头的京东方，其毛利率和净利率均有大幅回升，2020年公司净利润转盈，2021年盈利指标持续提升，以28.9%的毛利率居全球同行业首位，且公司研发费用在全球同行业中也处于较高水平。TCL华星光电作为中国面板行业龙头之一，成本优势显著。在大尺寸业务领域，TCL华星光电以高端产品策略巩固电视面板龙头地位，并逐步提升交互白板、数字标牌、拼接屏等商用显示占比，2021年销售毛利率为19.9%，研发费用率为4.4%，处于行业较高水平。OLED显示技术国内外市场竞争力对比如表7.8所示。

表 7.8　2021年OLED显示技术国内外市场竞争力对比

比较维度	国内	国外
市场规模	国内市场规模全球排名第一	美国市场规模全球排名第二，欧洲排名第三
产业链布局	上游中间体材料厂商布局较多，但上游终端材料厂商布局较少，相对薄弱；中游面板模组企业众多，正加紧布局	上游终端材料方面布局较多；中游面板模组企业数量虽少，但处于绝对龙头地位
盈利能力	凭借规模最大的消费市场，国内企业盈利能力强。京东方以毛利率28.9%，居行业首位；TCL华星光电毛利率19.9%，处于行业较高水平	面对国内企业步步紧逼，国外OLED龙头企业盈利能力有所缩减，但仍有较大的利润空间

在LD技术方面，中国LD产品市场份额约占全球一半，是该领域最大的消费市场；北美LD产品市场份额占比超过20%，居于全球第二位；西欧和亚太的市场份额均超过10%；中东非、拉美等新兴国家和地区的市场占比不足5%，市场份额较低。在产业链布局上，国内在LD产业链上中下游均有企业布局，在尚未完全实现自主可控的上游半导体激光器和显示芯片领域，相关科研机构也已进行长期布局并取得明显进步，全产业链体系初步形成，随着全球LD产品消费市场的不断增长，企业盈利能力增强。国外企业主要集中在LD产业链上游LD光源、成像芯片领域，并且相关企业的LD板块业务收入占主营业务收入比例较小。LD技术国内外市场竞争力对比如表7.9所示。

表 7.9　2021 年 LD 技术国内外市场竞争力对比

比较维度	国内	国外
市场规模	中国占据全球近一半的市场份额，排名第一	北美市场规模全球排名第二，西欧和亚太地区排名第三和第四
产业链布局	LD 产业链上中下游均有大量国内企业布局，全产业链体系初步形成	国外企业主要集中在 LD 产业链上游 LD 光源、成像芯片领域
盈利能力	随着全球 LD 产品消费市场的不断增长，企业盈利能力增强	国外上游企业凭借在 LD 光源、成像芯片领域的技术优势，盈利能力较强，但随着国产化能力的不断突破，未来盈利能力面临压力

7.3.2　导向性技术市场竞争力分析

在 3D 显示技术方面，2021 年，中国 3D 显示市场规模约为 438 亿元，较 2020 年增长 66%，占全球市场总额的 33.4%，是全球第二大 3D 显示市场，预计未来几年中国 3D 显示的市场份额将逐年上升。中国 3D 显示产业起步较晚，随着政策不断加码、资本不断投入、应用场景需求不断增长，以及 5G、AI、超高清视频、云计算、大数据等技术不断突破，近年来中国 3D 显示产业持续高速发展，主要品牌新品发布节奏加快、价格下探明显，硬件厂商内容生态投入加大，营销模式多样化、销售渠道多元化。国外科技巨头持续发力 3D 显示产业，微软、Meta、苹果、英伟达等布局多年，通过投资、收购、自主开发等方式，已基本建立了硬件、软件、内容、应用和服务的全产业链生态系统。3D 显示技术国内外市场竞争力对比如表 7.10 所示。

表 7.10　2021 年 3D 显示技术国内外市场竞争力对比

比较维度	国内	国外
市场规模	中国占据全球市场总额的 33.4%，为全球第二大 3D 显示市场	北美市场为全球最大的 3D 显示市场，欧洲市场排名第三
产业链布局	国内企业主要分布在 3D 显示产业链中下游；国内 3D 显示内容和应用生态领域布局丰富	国外企业 3D 显示全产业链均有布局，已基本建立了硬件、软件、内容、应用和服务的全产业链生态系统
盈利能力	新品发布节奏加快、价格下探明显，由于竞争激烈，盈利压力较大	国外科技巨头当前 3D 显示业务营收占比较小，盈利能力不高，预计未来 3D 显示业务收入将扩大，盈利能力提高

在 Mini/Micro LED 显示技术方面，2021 年，中国 Mini LED 市场规模达到了 36.1 亿元，同比增长 133%，占全球市场总额的 75.2%。Mini/Micro LED 产品凭借出色的显示效果成为 OLED 产品的主要竞争对手。但因技术普及率低，目前 Mini/Micro LED 未大规模应用，产业链尚未完全整合。国内龙头企业在提升技术、扩大市场份额之际，纷纷向产业链上下游延伸：中游制造商与下游应用商进一步整合，下游品牌厂加速向中上游延伸，整合上下游产业链，以提升自身在供应链中的话语权。国外企业主要分布在产业链中下游，国外科技巨头凭借品牌效应，在 Mini/Micro LED 高端终端产品上处于市场主导地位，盈利能力较强。Mini/Micro LED 显示技术国内外市场竞争力对比如表 7.11 所示。

表 7.11　2021 年 Mini/Micro LED 显示技术国内外市场竞争力对比

比较维度	国内	国外
市场规模	Mini LED 市场占据全球市场总额的 75.2%，为全球最大消费市场	在 Mini LED 方面，北美市场排名第二，欧洲市场排名第三
产业链布局	国内企业有望实现全产业链布局整合，中游企业纷纷向产业链上下游延伸	国外企业主要分布在产业链中下游，上游产品主要从中国企业采购
盈利能力	由于目前 Mini/Micro LED 显示技术尚未完全成熟，产品成本较高，投资规模大，企业盈利能力不高	国外科技巨头凭借品牌效应，在 Mini/Micro LED 高端终端产品上的盈利能力较强

7.4　光显示技术国内外创新竞争力比较分析

7.4.1　关键技术创新竞争力分析

在电子纸显示技术方面，中国公开的相关专利最多，约占全球总数的 48.37%；专利申请数量前 10 的专利申请人中有 4 家中国机构，其中，京东方公司的申请量位居第一，元太科技的申请量位列第二。国内企业以元太科技为代表，在 2018 年就率先发布了先进彩色电子纸技术。国内的创新合作具备显著的地域特征，苏州地区企业在电致变色显示面板方面进行了合作，深圳地区企业在电泳电子纸领域有较多合作。电子纸显示技术国内外创新竞争力对比如表 7.12 所示。

表 7.12　2021 年电子纸显示技术国内外创新竞争力对比

比较维度	国内	国外
专利申请	中国公开的相关专利最多，约占全球总数的 48.37%；专利申请数量前 10 的专利申请人中有 4 家中国机构	日本、美国和韩国公开的相关专利分别居于第二、第三和第四；专利申请数量前 10 的专利申请人中有 3 家日本机构，2 家韩国机构，1 家美国机构
创新主体与技术布局	京东方的申请量位居第一，元太科技位列第二；国内企业以元太科技为代表，在 2018 年就率先发布了先进彩色电子纸技术	日本富士胶片的申请量居于第三；日本的电子纸技术研发起步较早，20 世纪 70 年代，松下公司就研发出了电泳显示技术
合作情况	国内的创新合作具备显著的地域特征，苏州地区企业在电致变色显示面板方面进行了合作，深圳地区企业在电泳电子纸领域有较多合作	美国的创新合作集中在个人与个人之间，合作领域包括电子纸外部控制系统及方法、电子纸显示控制、电子纸的可写性等

在柔性 OLED 显示技术方面，中国公开的相关专利最多，专利公开数量约占全球总数的 42.18%。从专利申请数量来看，排名前 10 的专利申请人中有 8 家中国机构（含 1 家中国台湾企业），TCL 华星光电的申请量位居第一。国内技术布局重点包括柔性有机电致发光器件、柔性有机光电器件的封装结构、柔性显示结构及柔性基板制造等产业链上中游相关的细分领域。国内的创新合作以集团内部的关联创新居多，如京东方科技集团股份有限公司与其子公司、海洋王照明科技股份有限公司与其子公司均有研发合作。柔性 OLED 显示技术国内外创新竞争力对比如表 7.13 所示。

表 7.13　2021 年柔性 OLED 显示技术国内外创新竞争力对比

比较维度	国内	国外
专利申请	中国公开的相关专利最多，约占全球总数的 42.18%；专利申请数量前 10 的专利申请人中有 8 家中国机构（含 1 家中国台湾企业）	美国、韩国公开的相关专利分别居于第二、第三；专利申请数量前 10 的专利申请人中有 2 家韩国机构

续表

比较维度	国内	国外
创新主体与技术布局	TCL 华星光电的申请量位居第一；国内技术布局重点包括柔性有机电致发光器件、柔性有机光电器件的封装结构、柔性显示结构及柔性基板制造等产业链上中游相关的细分领域	乐金电子的申请量位居第二；OLED 技术最早诞生于欧美，但实现大规模产业化的国家/地区主要集中在东亚，如韩国、日本、中国等地区；美国本土柔性 OLED 技术相对成熟的公司只有以苹果为代表的少数公司
合作情况	国内的创新合作以集团内部的关联创新居多，如京东方	国外的创新合作关系不显著

在 LD 技术方面，中国相关专利布局最多，专利公开数量约占全球总量的 53.84%。整体来看，中国 LD 相关专利在技术布局方面近年来侧重于 LD 核心器件和部件、激光器等上中游环节的技术研究，旨在突破 LD 上游器件依赖进口的局面。具体来看，专利申请数量前 20 位的申请人中，中国申请人有 14 家，海信集团、长虹的申请量居于前两位。海信集团的专利布局主要围绕激光光源和投影图像校正方法展开，长虹的专利布局侧重于三色激光和激光电视等方面。国内的技术创新合作主要是企业之间的联合创新，合作重点主要包括激光光源、合光模块、激光投影机等细分领域。LD 技术国内外创新竞争力对比如表 7.14 所示。

表 7.14 2021 年 LD 技术国内外创新竞争力对比

比较维度	国内	国外
专利申请	中国相关专利布局最多，专利公开数量约占全球总量的 53.84%；专利申请数量前 20 位的申请人中，中国申请人有 14 家	美国、日本相关专利的公开数量分别位居第二、第三；专利申请数量前 20 位的申请人中，韩国 2 家，加拿大、美国、日本、德国各 1 家
创新主体与技术布局	海信集团、长虹的申请量居于前两位；中国 LD 相关专利近年来侧重于 LD 核心器件和部件、激光器等上中游环节的技术研究	加拿大北方公司的申请量居于第三位；日本的研究重点涵盖了光源系统、光学镜头、图像处理技术及电视产品和投影机等多个方向；欧美地区的研究重点集中在显示系统和平视显示技术方面
合作情况	国内的技术创新合作主要是企业之间的联合创新，合作重点主要包括激光光源、合光模块、激光投影机等	国外的技术创新合作主要是美国讯宝科技公司内部的联合申请，以个人与个人间合作为主，合作重点包括激光投影可视化显示 RFID 标签、激光投影与 LCD 器接口、投影仪器功率控制程序研究等

在 VR 技术方面，中国相关专利布局最多，专利公开数量约占全球总量的 54.8%。中国 VR 技术布局较为全面，研究重点包括主控芯片、显示面板、AR 设备光学模组、动作捕捉技术等多个方面。专利申请数量前 20位的申请人中，有 10 家中国企业，其中，京东方的申请量位居第一，其专利布局涵盖半导体工艺、OLED 器件结构、像素驱动设计、微纳光学、光学整机等多个领域。国内的技术合作主要在应用端，技术布局范围包括基于 VR 的有载分接开关检修实训、电力设备检修的 VR 模拟、人眼追踪系统等。VR 技术国内外创新竞争力对比如表 7.15 所示。

表 7.15　2021 年 VR 技术国内外创新竞争力对比

比较维度	国内	国外
专利申请	中国相关专利布局最多，专利公开数量约占全球总量的 54.8%；专利申请数量前 20 位的申请人中，有 10 家中国企业	美国、韩国相关专利的公开数量分别位居第二、第三；专利申请数量前 20 位的申请人中，有 7 家美国企业，2 家韩国企业，1 家日本企业
创新主体与技术布局	京东方的申请量位居第一，布局了半导体工艺、OLED 器件结构、像素驱动设计、微纳光学、光学整机等多个领域；中国相关专利的技术布局较为全面，包括主控芯片、显示面板、AR 设备光学模组、动作捕捉技术等多个方面	美国谷歌、韩国三星电子的申请量分别位居第二、第三；美国是 VR 技术的发源地，相关技术的研究主要集中在元器件及主控芯片等方面，韩国将其在显示屏方面的技术优势延续到了 VR 领域
合作情况	国内的技术合作主要在应用端，技术布局范围包括基于 VR 的有载分接开关检修实训、电力设备检修的 VR 模拟、人眼追踪系统等	国外的技术合作主要在头戴式 VR 设备及系统、焊接领域应用等方面

在 AR 技术方面，中国相关专利的公开数量约占全球总量的 23.22%，位居第二。中国 AR 技术的专利布局包括 AR 眼镜相关的硬件、兼容各类芯片及光学模组的 AR 操作软件两大方向。专利申请数量前 20 位的申请人中，有 5 家中国企业，但均未入围申请量前 5 的范围，且国内在 AR 技术领域的联合创新相对较少，总体创新竞争力与美国存在较大差距。AR 技术国内外创新竞争力对比如表 7.16 所示。

表 7.16　2021 年 AR 技术国内外创新竞争力对比

比较维度	国内	国外
专利申请	中国相关专利的公开数量约占全球总量的 23.22%，位居第二；专利申请数量前 20 位的申请人中，有 5 家中国企业，但均未入围申请量前 5 的范围	美国相关专利布局最多，相关专利的公开数量占全球总量的 39.87%；韩国相关专利的公开数量排名第三，但与美国和中国专利的公开数量相差较大；专利申请数量前 20 位的申请人中，美国企业 10 家，韩国 3 家，英国和德国各 1 家
创新主体与技术布局	技术布局包括 AR 眼镜相关的硬件、兼容各类芯片及光学模组的 AR 操作软件两大方向；创新主体技术实力并不突出	相关专利申请量排名前 3 位的依次是美国魔法飞跃公司、韩国三星电子公司和美国微软公司；美国的专利布局主要集中在运算硬件方面，在底层算法技术和 CPU、GPU、超异构等处理器环节占有绝对优势，除了主控芯片被高通垄断之外，美国在光波导方向也掌握了较强的话语权；韩国的技术布局以推动 5G 应用为突破口，以 AR 眼镜套餐、AR 家庭锻炼、AR 儿童图书馆等融合了 5G 技术的应用场景为导向，促进 AR 技术的产业化发展
合作情况	国内的联合创新相对较少	国外的创新合作形式为个人与个人之间的联合创新，但从当前权利人来看，主要来自微软和艾普斯格尔两家公司，合作领域集中在视听系统、交互系统、任务指令及控制设备等方面

7.4.2　导向性技术创新竞争力分析

在裸眼 3D 显示技术方面，中国相关专利布局最多，专利公开数量约占全球总数的一半。专利申请数量前 20 位的申请人中，中国的申请人占比高达 70%，京东方申请量位居第一，且主要围绕大尺寸显示屏产品相关的裸眼 3D 显示技术展开研究。国内的创新合作主要以企业与企业、企业与高校或科研机构之间的合作为主，合作领域包括柱镜光学复合膜、显示屏校正方法、波导器件、指向型背光模组、裸眼 3D 显示屏、裸眼 AR 显示装置等方面。裸眼 3D 显示技术国内外创新竞争力对比如表 7.17 所示。

表 7.17　2021 年裸眼 3D 显示技术国内外创新竞争力对比

比较维度	国内	国外
专利申请	专利布局最多，专利公开数量约占全球总数的一半；专利申请数量前 20 位的申请人中，中国的申请人占比高达 70%	美国、日本、韩国相关专利公开数量分别位居第二、第三、第四；专利申请数量前 20 位的申请人中，日本和韩国企业各 2 家，美国和荷兰企业各 1 家

比较维度	国内	国外
创新主体	京东方申请量位居第一，主要开展大尺寸显示屏产品相关的裸眼 3D 显示技术的研究	韩国乐金显示及三星电子的申请量分别排名第二和第三，乐金显示主要采用光屏障式 3D 技术，三星电子的研究重点则集中在基于柱状透镜 3D 技术的显示装置领域
技术布局	中国裸眼 3D 技术布局的侧重点集中在公安教育、广告机、医学影像、电影院等下游的显示应用层面，上中游相关的核心技术发展水平不及欧洲、美国及日本	欧洲相关专利研究重点集中在光学元件、系统或仪器以及图像通信（如电视）等方面；美国在裸眼 3D 显示技术方面侧重于产业链上中游环节的显示方法、光学透镜以及 3D 显示器的研究；日本在图像显示、双凸透镜、显示驱动等方面的技术研究水平较高
合作情况	国内的创新合作主要以企业与企业、企业与高校或科研机构之间的合作为主，合作领域包括柱镜光学复合膜、显示屏校正方法、波导器件、指向型背光模组、裸眼 3D 显示屏、裸眼 AR 显示装置等	国外的创新合作主要以企业与企业之间的合作为主，合作领域包括光屏障式 3D 技术、柱状透镜 3D 技术的各类显示装置等

在 Mini LED 显示技术方面，中国相关专利布局最多，专利公开数量占全球总数的八成之多。中国 Mini LED 显示技术的领域布局较为广泛，研究重点包括背光模组、显示器制造、显示控制、芯片和显示元器件等多个细分技术点。专利申请数量前 20 位的申请人中，有 19 位均为中国申请人，其中，TCL 华星光电的申请量排名第一，并在体量上具有绝对优势。国内企业以 TCL 华星光电、隆利科技为代表，前者主要围绕中小尺寸显示器件，包括车载、笔电、平板电脑、VR 显示面板等高端显示产品开展相关技术的研究；后者主要攻克背光显示模组制造技术。国内的创新合作相对较少，主要是企业与企业、企业与高校之间的合作，合作领域包括 Mini LED 背光器件及其制备方法、新型显示用量子点光学膜及其制备方法和应用、像素检测与修复等方面。Mini LED 显示技术国内外创新竞争力对比如表 7.18 所示。

表 7.18 2021 年 Mini LED 显示技术国内外创新竞争力对比

比较维度	国内	国外
专利申请	专利布局最多，专利公开数量占全球总数的八成之多；专利申请数量前 20 位的申请人中，有 19 位均为中国申请人	美国相关专利的公开数量排名第二，但与中国体量相差巨大
创新主体	TCL 华星光电的申请量排名第一，并具有绝对优势；国内企业以 TCL 华星光电、隆利科技为代表，前者主要围绕中小尺寸显示器件，包括车载、笔电、平板电脑、VR 显示面板等高端显示产品开展相关技术的研究；后者主要攻克背光显示模组制造技术	专利申请数量前 20 位的申请人中，仅有乐曼斯公司 1 家比利时企业
技术布局	技术领域布局较为广泛，包括背光模组、显示器制造、显示控制、芯片和显示元器件等细分技术点	国外相关专利布局数量相对较少，研究重点相对集中，如美国相关专利的技术领域侧重于显示元器件、显示器的制造方法研究；韩国相关专利的技术领域主要包括背光单元、显示模块的制造方法研究
合作情况	国内的创新合作相对较少，主要是企业与企业、企业与高校之间的合作，合作领域包括 Mini LED 背光器件及其制备方法、新型显示用量子点光学膜及其制备方法和应用、像素检测与修复等	国外的创新合作关系不显著

在 Micro LED 显示技术方面，中国的技术布局最多，相关专利的公开数量约占全球总量的 42.38%。中国相关专利的技术布局覆盖了芯片制备、转移工艺、键合驱动、全彩化、测试修复等多个方面。其中，在转移工艺领域，美国申请人比较关注巨量转移技术，而中国申请人侧重于后续过程的背板控制技术。专利申请数量前 20 位的申请人中，中国申请人有 10 家，京东方、TCL 华星光电的申请量分别排名第一、第二。京东方主要围绕大屏显示设备制造、产品生产率提高、模块显示效率优化等方向进行 Micro LED 技术的创新研究，TCL 华星光电重点发展 Micro LED 相关的柔性显示技术。国内研究机构以南方科技大学为代表，其专利布局覆盖了 Micro LED 芯片、全集成 Micro LED 片上系统、全彩色 Micro LED 微投影机和 AR 穿戴设备等全产业链细分领域。国内的联合创新相对较少，主要是集团内部的关联创新，合作领域包括 Micro LED 显示器件及其制作方法、Micro LED 显示面板检测方法、巨量转移技术、Micro

LED 芯片及驱动背板制备方法等方面。Micro LED 显示技术国内外创新竞争力对比如表 7.19 所示。

表 7.19 2021 年 Micro LED 显示技术国内外创新竞争力对比

比较维度	国内	国外
专利申请	中国的技术布局最多，相关专利的公开数量约占全球总量的 42.38%；专利申请数量前 20 位的申请人中，中国申请人有 10 家	美国、韩国相关专利的公开数量分别排名第二、第三；专利申请数量前 20 位的申请人中，韩国企业有 5 家，美国企业有 4 家，日本企业有 1 家
创新主体	在企业方面，京东方的申请量排名第一，主要围绕大屏显示设备制造、产品生产率提高、模块显示效率优化等方向进行 Micro LED 技术的创新研究；TCL 华星光电的申请量排名第二，重点发展 Micro LED 相关的柔性显示技术。在研究机构方面，南方科技大学的申请量排名第十五，其专利布局覆盖了 Micro LED 芯片、全集成 Micro LED 片上系统、全彩色 Micro LED 微投影机和 AR 穿戴设备等全产业链细分领域	韩国三星电子的申请量排名第三，研究重点为大屏显示设备制造；美国苹果公司主攻小屏显示、智能穿戴电子等方向的技术创新；脸书积极布局 VR 头戴式设备相关的 Micro LED 技术，加快突破元宇宙关键核心技术之一的 XR 技术的步伐
技术布局	中国相关专利的技术布局覆盖了芯片制备、转移工艺、键合驱动、全彩化、测试修复等多个方面。其中，在转移工艺领域，美国申请人比较关注巨量转移技术，而中国申请人侧重于后续过程的背板控制技术	美国是目前全球 Micro LED 显示技术最发达的国家，具有专利布局较早和企业并购活跃的产业特点，相关专利的技术研究重点集中在微转印、流体装配等转移工艺方面；日本和韩国的 Micro LED 显示技术的专利布局相对集中在大屏显示领域
合作情况	国内的联合创新相对较少，主要是集团内部的关联创新，合作领域包括 Micro LED 显示器件及其制作方法、Micro LED 显示面板检测方法、巨量转移技术、Micro LED 芯片及驱动背板制备方法等	国外的创新合作关系不显著

第8章 光显示技术产业发展趋势结论

光显示技术处于多种技术路线并存、产业发展迅速的黄金阶段。目前主要的显示技术包括 LCD、PDP、OLED 显示、LD、3D 显示、电子纸显示、场发射显示、LED 显示、硅基液晶投影显示、数字光处理显示等。其中，CRT 显示已基本退出显示技术历史舞台，LCD 和 PDP 已经成为显示主流技术，LD、3D 显示、OLED 显示、电子纸显示、场发射显示将是未来主流显示技术。

8.1 LCD 面板技术升级放缓

LCD 面板技术成熟升级放缓，行业供需趋于稳定，周期性放缓。目前 TFT-LCD 所使用的半导体基底材料主要有三种，分别是非晶硅、低温多晶硅和氧化铟镓锌。其中，非晶硅技术由于成熟稳定，成本较低，可在所有尺寸产品上实现较高的良率，早期的 TFT-LCD 面板以非晶硅基底材料为主，但目前已不能满足市场最新需求，主要应用于中低端智能手机、车载等专显市场及价格便宜的电子纸显示面板。

在过去的两年里，由于受疫情的影响，教育类笔记本、平板电脑等需求迅速增长，导致非晶硅 LCD 产能供应处于非常紧张的状态，产品价格也持续上涨。不过，随着市场需求下滑以及新产能的开出（新增产能包括信利仁寿 5 代线、河南华锐 5 代线、绵阳惠科 8.6 代线等），行业供需反转，产能也由紧缺转为过剩，预计价格下降趋势仍将继续。

低温多晶硅适用于分辨率、电子移动速率要求较高的中小尺寸高端 LCD 面板。由于受到 OLED 技术的挤压，其逐渐退出中高端手机市场，并逐渐转向平板电脑、笔电、车载中小屏等市场。

氧化铟镓锌具有更高的电子迁移率，电子迁移率越高则器件信息传输量越大，可使用更窄的通道传递信息，实现更高的分辨率，并具有高亮度、低功耗、窄边框的优势。采取氧化铟镓锌技术，显示寿命是关键问题。氧化铟镓锌 TFT 在空气中很不稳定，对氧气和水蒸气很敏感，使用寿命很短。所以必须在氧化铟镓锌表面镀上一层保护层，镀膜工艺成为其量产的关键。当前，夏普的氧化铟镓锌 LCD 器件已实现量产，京东方、TCL 华星、华映科技、龙腾光电、惠科等均在研发布局此类技术。

8.2　OLED 技术渐成应用主流

整体来看，我国 OLED 中间体占据较高的产能份额，但在技术壁垒较高的 OLED 上游终端材料上的布局相对薄弱。目前 OLED 终端材料主要生产厂商为美国环球显示器公司、德国默克、杜邦公司、出光兴产、乐金化学、德山集团等国外厂商，国外厂商对核心技术专利的限制造成了中国在"中间体-终端材料-面板"核心产业链国产化出现了断层，也制约了中国 OLED 显示面板行业的快速发展。

细分来看，PMOLED 在其元件的结构组成方面，较 AMOLED 更为简单，具备大量生产压低成本的制造优势，也是 OLED 用于显示应用最早量产的产品形态。PMOLED 适用于移动电话的显示屏幕应用，在信息显示量不高的小型面板应用尤其适合，量产成本也相对低许多。但在主应用产品越趋转向高彩、大尺寸、快速显示的应用方向时，PMOLED 在技术条件上明显无法满足新需求。但真正能发挥 OLED 技术优势的，仍是 AMOLED 应用，尤其显示器应用领域。

AMOLED 由于结构具备可挠特性，因此也具备导入电子墨水电子纸应用的条件。其制法是将 AMOLED 结构制作于塑料薄膜上，克服以往 AMOLED 需高温制程可能会造成塑料基底的变形问题。在索尼公司的制法中，可挠式的 OLED 面板制程可全程控制在 180℃以下。

面对市场对柔性 AMOLED 显示轻薄化、形态多样化的需求，要求显示模组堆叠结构越来越简单，屏体越来越薄。盖板膜材减薄、功能膜材集成化是技术发展趋势。随着 OLED 显示屏厂的触控制作工艺良率的提升，集成式触控在中小尺寸 AMOLED 产品上将成为主流。但随着模组结构的减薄、显示尺寸的增大，集成式触控的负载会更大、接收噪声强度更高。当图案设计、驱动信号、降噪算法优化至一定水平后，触控端的技术改善将迎来瓶颈。为了降低负载、降低显示噪声干扰，外挂式触控方案可能会是部分中大尺寸 AMOLED 产品的选择方案。其中，金属网格方案由于电极方阻小，大尺寸下通道阻抗更小，更有优势。如果银纳米线、石墨烯、导电高分子等透明导电材料未来能够在保障光学品质的前提下实现更低方阻，将会给中大尺寸柔性产品带来更多的选择方案。

随着人机交互体验需求的提升，触摸屏在柔性 AMOLED 显示模组中的地位举足轻重。目前，国内外企业都在对 AMOLED 技术发展难度进一步攻关，相信未来这些难点将会取得突破。

8.3 LD 技术步入成熟

与其他新型显示技术相比，LD 具有明显的差异化技术优势。中国的研究机构和企业用 20 年的时间，证明了 LD 原理可行、技术可行、产业可行，目前专利申请量国际领先，近年来侧重于 LD 核心器件和部件、激光器等上中游环节的技术研究，旨在突破 LD 上游器件依赖进口的局面。随着国内多家芯片厂商加入到数字微镜芯片的研发和量产，LD 技术在我国正在形成较完整的激光电视产业链。

在激光投影市场这个方向，中国激光投影（包括激光电视）产能全球占比约为 51%，LD 技术逐渐实现覆盖 200～60 000 流明的产品线，产品范围为激光家用（激光智能微投、激光电视）、激光商教、激光工程投影等全品类，显示尺寸也已经突破 300 英寸。在家用激光投影市场方面，海信视像是唯一年产能超过 10 万台的品牌，凭借多条产品线和渠道优势占据行业产能第一位。长虹通过多款激光电视覆盖了中高端大屏家用消费市场，产能涨幅显著。

未来，LD 技术还将在更亮、更轻小、更低成本等方向持续发力，在车载显示、航空显示、云端显示、AR 等领域与 OLED 展开正面竞争。

8.4　虚拟显示技术前景可期

VR 技术具有效能高、成本低、传输快等特点，受到了社会的广泛关注，具有良好的发展前景。我国 VR 技术尚处于摸索阶段，动态环境建模技术，实时 3D 图像生成和显示技术，智能化、适人化人机交互设备研制将是未来 VR 技术研究的重点方向。

AR 技术是将计算机生成的虚拟信息叠加到用户所在的真实世界的一种新兴技术，是 VR 技术的一个重要分支。目前，我国 AR 技术的专利布局包括 AR 眼镜相关的硬件、兼容各类芯片及光学模组的 AR 操作软件两大方向，在技术创新力上与美国相比存在较大差距。AR 技术未来的发展重点则着眼于跟踪注册精度、显示设备性能以及人机交互的自然性。从跟踪注册技术上来说，目前的跟踪注册方法只能对场景中少量的信息加以利用，如特征点信息，这造成系统对环境的理解不完整；从显示技术上来说，能够为用户提供高沉浸感的 AR 眼镜在体积和价格上还不能满足大众的需求；从交互方式上来说，更为自然的、支持多用户的 AR 交互技术仍有待研究。

8.5 巨量转移技术亟待突破

巨量转移技术是 Micro LED 实现量产的关键技术之一。它是指通过高精度设备将大量 Micro LED 晶粒转移到目标基板上或者驱动背板上，并保证产品良率及生产效率。目前巨量转移技术有六大具体的技术路线，包括静电力、范德瓦耳斯力、磁力、激光选择性转移、流体转移以及直接转印。

近年来，巨量转移技术取得多项标志性进展。2016 年，中国台积电与苹果公司开展了 Micro LED 显示技术的合作，从开发基于硅晶片技术推进 Micro LED 显示研发工作，以期避开 LED 芯片巨量转移过程中的技术瓶颈。2017 年，台湾公司美科米尚（Mikro Mesa）与南京中电熊猫液晶显示科技有限公司合作，经过两年的开发，美科米尚公司于 2019 年完成了无压合低温键结 3 微米微发光二极体巨量转移技术。上述技术使用直径 3 微米的 Micro LED 晶片，转移尺寸接近 4 英寸，一次可容纳多达数百万颗以上的 Micro LED 转移，并可进行多次多色 Micro LED 的转移。2019 年，京东方与美国公司罗辛尼成立 Micro LED 合资公司，联手带来用于显示器背光的超薄、微型 LED 解决方案。2020 年，中国台湾工业技术研究院在国际消费类电子产品展览会上展示了拼装型 Micro LED 显示模块，使用了新一代红绿蓝三基色晶粒巨量转移技术的全彩显示面板，转移的良率达到 99%以上。该技术是由巨量微组装产业推动联盟所共同研发的，其转移的技术基础使用了应力原理，实现了将微米等级的红绿蓝三基色 LED 芯片直接转移到 PCB 基板上，创下全球首例的壮举。巨量转移技术尚处于技术方法突破阶段，预计 2022 年左右实现工程/样机突破，2025 年左右实现主流市场应用。

8.6 光场 3D 显示技术推动变革

中国裸眼 3D 显示技术相关专利布局国际领先，技术布局的侧重点集中在公安教育、广告机、医学影像、电影院等下游的显示应用层面，上中游相关的核心技术发展水平不及欧洲、美国及日本。

光场 3D 显示技术是模拟 3D 场景真正光场的重建方式，也是裸眼 3D 技术的核心。随着光场重构及光场显示技术的快速发展，光场 3D 显示的颜色还原度以及重构光线密度等技术指标得到显著提升，已经使真实场景与虚拟场景之间的差别逐渐缩小。但面向个人移动终端应用、具有超薄超轻、大视场角的 3D 显示仍极具挑战。目前的光场显示技术主要包括层叠光场显示、快门光场显示、集成成像光场显示和向量光场显示。其中，向量光场显示是最新趋势，其原理是用纳米结构来控制像素的发光方向和发散角度，利用带有方向的光束来重构空间 3D 物体，它是一种有望实现多人裸眼观看、可视角度大、计算资源低的光场显示技术。

近年来，光场 3D 显示技术取得多项标志性进展。2015 年，美国南加州大学创意技术视觉暨图学实验室基于前期技术积累，发展出多台投影机以背投影方式呈现的模式，使屏幕显示的真人更具有实境效果。2019 年，北京邮电大学展示了名为"3D 悬浮光场显示系统"的技术。这项技术采用定制的 LCD 或者 OLED 屏幕，配合基于瞳孔光线积分原理的计算方式，通过模拟真实物体的发光方式，让观看者感受到 3D 物体悬浮于空中的体验。2020 年，索尼在国际消费类电子产品展览会上展示了 3D 光场显示方案与容积捕捉方案——眼球感知的光场显示方案（Eye-Sensing Light Field Display），该方案采用了高速视觉传感器和面部识别算法，能够提供超越传统裸眼 3D 显示屏的精准立体显示效果，可用于对 AR/VR 内容的展示，设计师不用戴头显就能直接预览 3D 产品模型或者游戏等内容。

光场 3D 显示技术预计 2025～2026 年实现成熟，并进入主流市场应用。

某种意义上说，元宇宙是数字化的 3D 虚实世界，用裸眼 3D 呈现数字化的 3D 虚实世界，用裸眼 3D 连接用户和元宇宙数字世界，建立非接触沉浸式元宇宙入口。随着元宇宙概念的不断深化，光场 3D 显示技术也将持续推动显示技术的变革。

参 考 文 献

蔡月飞, 黄凯, 李金钗, 等. 2021. Micro-LED 显示器的集成技术及其产业化前景的探讨[J]. 微纳电子与智能制造, 3(3): 43-64.

曹晨. 2020. 基于专利分析的激光表面处理及再制造技术研究进展[J]. 热加工工艺, 2020, 49(20): 19-23.

曹晨, 江洪, 叶茂. 2021. 全球激光焊接专利技术研究进展[J]. 激光杂志, 42(2): 1-4.

曹晨, 江洪, 叶茂, 等. 2023. 中国区域产业链创新能力评价体系构建及实证——以激光产业为例[J]. 科技管理研究, 43(5): 46-53.

曹晨, 叶茂, 章日辉. 2020. 基于专利分析的全球光纤激光器产业技术研究[J]. 科技管理研究, 40(2): 201-206.

曹晨, 钟永恒, 高倩. 2013. 基于专利分析的我国纳米光电产业技术发展研究[J]. 情报杂志, 32(10): 51-56, 5.

陈荣, 贺聪聪, 孙济庆, 等. 2020. 基于趋势演化分析的技术预测研究[J]. 科技管理研究, 40(24): 47-53.

池慧, 杜建. 2016. "十三五"医学情报服务的新趋势与新思考[J]. 数字图书馆论坛, (11): 40-45.

储节旺, 李佳轩, 安怡然. 2023. 基于专利分析的颠覆性技术演化与预测研究——以量子信息技术为例[J]. 科技进步与对策, 40(22): 130-140.

董文波. 2023. 专利视域下全球智能网联汽车技术发展动态与竞争态势研究[J]. 中国发明与专利, 20(3): 28-37.

董志. 2022. 智力资本组态效应、双向开放式创新与企业可持续竞争优势[J]. 财会通讯, (15): 63-68.

段非平. 2023. 传统产业加速数字化转型[J]. 中国报道, (2): 61-63.

枫林. 2021. 新一代彩色印刷电子纸技术[J]. 广东印刷, (3): 4-5.

傅焰峰, 古群, 胡鹏, 等. 2018. 中国光电子器件产业技术发展路线图(2018—2022年)[R]. 北京: 中国电子元件行业协会.

高倩, 江洪, 叶茂, 等. 2019. 全球单克隆抗体药物研发现状及发展趋势[J]. 中国生物工程杂志, 39(3): 111-119.

高倩, 张宏翔, 江洪, 等. 2020. 全球微生态药物研发现状及发展趋势[J]. 中国生物工程杂志, 40(1/2): 166-173.

高伟男, 许祖彦, 毕勇, 等. 2020. 激光显示技术发展的现状和趋势[J]. 中国工程科学, 22(3): 85-91.

耿怡. 2021. Micro-LED 技术和产业化研究进展[J]. 微纳电子与智能制造, 3(3): 4-7.

郭媛媛, 蒋洪伟, 袁冬, 等. 2022. 电润湿显示材料与器件技术研究进展[J]. 液晶与显示, 37(8): 925-941.

洪银兴. 2020-07-06. 围绕产业链开展技术创新[N]. 人民日报, 09 版.

胡思思, 江洪, 叶茂. 2021. "3+X"产业成熟度评价体系研究及应用——以新型显示产业为例[J]. 科技和产业, 21(12): 225-232.

华欣, 丁健, 乔萍. 2021. 我国高技术产业国际竞争力脆弱性评价指标体系研究[J]. 国际经济合作, (4): 54-64.

黄冠, 曾靖盛. 2022. 虚拟现实技术的研究现状、热点与趋势[J]. 中国教育信息化, 28(10): 49-57.

黄颖, 叶冬梅, 丁凤, 等. 2022. 技术演化路径识别: 内涵释义与研究进展[J]. 图书情报工作, 66(22): 142-154.

江洪, 彭导琦. 2022. 先进复合材料在航天航空器中的应用[J]. 新材料产业, (1): 2-7.

江洪, 王春晓. 2019a. 国内外 OLED 显示材料技术进展[J]. 新材料产业, (9): 48-52.

江洪, 王春晓. 2019b. 人工晶体材料在国内外医疗领域的应用现状[J]. 新材料产业, (12): 5-9.

江洪, 王予典. 2021. 国外先进半导体在新能源领域的应用[J]. 新材料产业, (5): 36-40.

江洪, 叶茂, 章日辉, 等. 2022. 中国激光产业国际竞争力与产业链创新[M]. 北京: 科学出版社.

李金刚, 李迎成. 2022. 基于专利与行业参照关系分析的制造业技术创新能力测度初探——以南京市为例[J]. 科技管理研究, 42(1): 86-91.

李青, 马晶. 2023. 大国竞争背景下粤港澳大湾区构建具有国际竞争力的现代化产业体系研究[J]. 国际经贸探索, 39(3): 89-102.

李文峰, 顾洁, 赵亚辉. 2010. 光电显示技术[M]. 北京: 清华大学出版社.

李勇敢, 李耀峰. 2021. 基于创新视角的技术路线图制定中的专利分析应用研究[J]. 河南科技, 40(7): 142-146.

李志春, 李海超. 2019. 中国高技术产业技术创新动态能力演化研究[J]. 科技管理研究, 39(9): 186-191.

刘成. 2021-09-01. 激光显示产业迎来高速发展期[N]. 经济日报, 06 版.

刘美蓉, 江洪, 叶茂, 等. 2022. 项目投资财务建模及可行性分析[J]. 中国市场, (14): 164-167.

刘义鹤, 江洪. 2019. 5G 通信新材料研究进展[J]. 新材料产业, (8): 51-53.

卢梦琪. 2021-08-06. Mini LED 商用元年"有模有样"[N]. 中国电子报, 01 版.

毛荐其, 郭夏夏, 毛才玮, 等. 2022. 基于专利数据的芯片领域技术创新动态测度[J]. 创新科技, 22(1): 56-68.

潘岩松. 2022. Mini LED 芯片及显示屏设计与制作[D]. 南昌: 南昌大学.

钱景怡, 余正. 2020. 我国生物制药产业国际竞争力分析[J]. 中国药事, 34(5): 549-555.

秦翡, 曲林迟. 2021. 中国港口企业国际竞争力链式模型与政策启示[J]. 亚太经济, (4): 130-136.

邵鹏睿. 2023. mini LED 技术研究[J]. 应用技术学报, 23(1): 32-37.

史晓刚, 薛正辉, 李会会, 等. 2021. 增强现实显示技术综述[J]. 中国光学, 14(5): 1146-1161.

舒瀚, 顾明海. 2016. 裸眼 3D 技术在商业中的应用专利综述[J]. 中国新通信, 18(17): 98.

宋德宇, 方颖璐, 王璐, 等. 2022. 微缩化 LED 显示技术的发展及应用[J]. 光电子技术,

42(1): 64-71.

孙博. 2017. 裸眼 3D 显示技术的现状与发展[J]. 科技传播, 9(21): 115-116.

孙少雪, 杨春莉, 赵育, 等. 2019. 电子纸技术的研究进展概述[J]. 今日印刷, (9): 59-61.

孙世芳. 2022-10-09. 如何促进产业链创新链深度融合[N]. 经济日报, 10 版.

王晨曦. 2021. 专利技术主题的演化趋势分析方法研究[D]. 天津: 河北工业大学.

王伟, 赵甜甜, 刘强, 等. 2023. Mini/Micro LED 巨量转移技术研究与发展现状[J]. 光学精密工程, 31(2): 183-199.

王小蕊. 2023. 基于专利分析我国文物科技发展及技术演化[J]. 中国科技信息, (5): 25-31.

许学国, 马聪聪, 李烨. 2023. 面向关键核心技术突破的区域创新网络协同驱动研究——以长三角 IC 产业链为例[J]. 上海管理科学, 45(1): 18-27.

姚战琪, 熊琪颜. 2023. 数字化对我国区域经济国际竞争力的影响研究[J]. 国际经贸探索, 39(1): 4-18.

袁红梅. 2017. 柔性 OLED 显示技术革命[J]. 科学技术创新, (35): 152-153.

张晶, 刘琼, 于渤. 2023. 创新生态系统模式对新创企业创新绩效的影响研究——基于平台与产品的双重视角[J]. 工业技术经济, 42(3): 106-114.

张辽, 何飞瑶. 2023. 我国高技术产业链自主可控: 行动逻辑与路径选择[J]. 商业经济, (4): 57-60.

张帅. 2018. 虚拟现实及增强现实技术的发展现状及前景[J]. 佳木斯职业学院学报, (8): 456-457.

张晓兰, 黄伟熔. 2023. 我国产业链创新链融合发展的趋势特征、经验借鉴与战略要点[J]. 经济纵横, (1): 93-101.

张艺严, 李中源. 2021. "一带一路"背景下中国出版业的国际竞争力分析——基于全球价值链视角[J]. 上海管理科学, 43(6): 113-116.

张远为, 林江鹏. 2022. 湖北省制造业竞争力评价与提升路径[J]. 湖北社会科学, (10): 50-60.

章日辉, 江洪, 叶茂. 2021. 新一轮科技革命下中国激光加工产业发展探究——欧美比较视角[J]. 科技创业月刊, 34(5): 73-77.

赵靓, 游宏梁, 高强, 等. 2023. 基于专利共现网络社区发现的军事智能技术演化分析[J]. 情报理论与实践, 46(4): 176-183.

中国电子技术标准化研究院. 2018. 中国新型显示产业配套保障能力白皮书(2018 年)[R]. 北京: 中国电子技术标准化研究院.

中国科学技术协会. 2011. 德国推出了光学研究未来 10 年计划[J]. 中国科技信息, (16): 5.

钟湘玥. 2022. "双循环"发展格局下数字经济对企业国际竞争力的影响分析[J]. 时代经贸, 19(9): 80-85.

朱东艳, 刘彤, 刘孟义, 等. 2022. Mini LED 背光显示屏技术及发展前景[J]. 电子技术与软件工程, (20): 104-108.

朱焱, 王涓, 马重阳, 等. 2021. 基于全球专利的知识图谱技术发展与竞争态势分析[J]. 图书情报导刊, 6(7): 69-79.

Blackman M J R. 2000. Rembrandts in the attic: unlocking the hidden value of patents[J]. World Patent Information, 22 (1/2): 107.

Guan J C, Liu N. 2014. Measuring scientific research in emerging nano-energy field[J]. Journal of Nanoparticle Research, 16 (4): 1-15.